主 编 单 波 　　副主编 肖 珺 张毓强
Chief Editor: Bo Shan　　Deputy Chief Editors: Jun Xiao, Yuqiang Zhang

编委会（按姓氏字母排序）Editorial Board (alphabetize by last name)

Jens Allwood，瑞典哥德堡大学
Jens Allwood, University of Gothenburg, Sweden

安 然，华南理工大学
Ran An, South University of Technology

白 贵，河北大学
Gui Bai, Hebei University

陈国明，美国罗德岛大学
Guo-Ming Chen, University of Rhode Island, USA

Clifford G. Christians，美国伊利诺伊大学香槟分校
Clifford G. Christians, University of Illinois-Urbana-Champaign, USA

顾力行，上海外国语大学
Steve J. Kulich, Shanghai International Studies University

Hugues Hotier，法国米歇尔·德·蒙田–波尔多第三大学
Hugues Hotier, Université Michel de Montaigne-Bordeaux 3, France

Wendy Leeds-Hurwitz，美国跨文化对话中心
Wendy Leeds-Hurwitz, Center for Intercultural Dialogue, USA

David Marshall，澳大利亚迪肯大学
David Marshall, Deakin University, Australia

史安斌，清华大学
Anbin Shi, Tsinghua University

孙有中，北京外国语大学
Youzhong Sun, Beijing Foreign Studies University

编 辑（按姓氏字母排序）Editor Staff (alphabetize by last name)

甘丽华，华中师范大学
Lihua Gan, Central China Normal University

何清新，广西艺术学院
Qingxin He, Guangxi Art University

贾 煜，武汉大学
Yu Jia, Wuhan University

唐佳梅，广东外语外贸大学
Jiamei Tang, Guangdong University of Foreign Studies

肖劲草，武汉大学
Jincao Xiao, Wuhan University

辛 静，华中师范大学
Jing Xin, Central China Normal University

张春雨，武汉大学
Chunyu Zhang, Wuhan University

郑一卉，北京外国语大学
Yihui Zheng, Beijing Foreign Studies University

联合出版方 Co-Publishers

武汉大学媒体发展研究中心（教育部人文社会科学重点研究基地）
Center for Studies of Media Development in Wuhan University,
Key Research Institute of Humanity and Social Sciences, Ministry of Education, P.R.C.

中国传媒大学出版社
Communication University of China Press

武汉大学跨文化传播研究中心
Research Center for Intercultural Communication, Wuhan University

跨文化传播研究

Intercultural
Communication
Studies

单 波 ◎ 主编

中国传媒大学出版社
·北京·

序

跨文化传播的情感问题

◆ 纪 莉*

在现代理论体系中,情感与理性常以二元论的模式出现在研究中①。安·切克维奇(Ann Cvetkovich)等学者认为,19世纪以来我们受到的学术训练都是要我们将个人的和公共的、政治的进行区分。对情感进行学术研究似乎因此具有一种不正当性。理性尚不足以解释人类跨文化传播问题,情感再搅和进来,岂不更难进行科学、客观的研究?期待通过理性的、规范的学术训练获得高度理性头脑的研究者,如何进行关于此主题的研究呢?

其实人生而为人,肉体凡身,情感本就无可回避,无以逃避。跨文化传播是面向人的研究,而人即媒介,人的传播活动本来就包括情感的传播与再

---

* 纪莉,武汉大学媒体发展研究中心研究员,武汉大学新闻与传播学院教授。
① RECKWITZ A. Affective spaces: a praxeological outlook[J]. Rethinking history, 2012, 16(2):241-258.

现。达尔文早就看出,人类虽然肤色、相貌、口音等皆可不同,但却可以准确地从彼此的表情中分辨出愤怒、厌恶、恐惧、惊讶、悲伤与愉悦,因为人类共享着具有普遍性的基础情感。后来的研究者还更深一步地发觉,人类还特别容易受到羞耻感、愧疚感、动情等微妙情感的感染,跨越外部语言或文化的障碍,形成共情。

进入信息传播时代,屡屡可以观察到这样的社会现实:社交媒体上国际事务事实尚未判定,各种情感宣泄已然蔓延,舆论常常被公众情绪裹挟;不同族群间交流尚未展开,文化偏好与刻板成见激发的民族情绪已经决定了交流的成败;个体间差异还未相互了解进而理解,双方已经从情感上放弃了继续交往的意愿,只愿彼此"眼不见心不烦"。

社交媒体上众声喧哗,显然违背了哈贝马斯交往理性的理想设计。根据哈贝马斯的观点,公共领域是政治权力之外,作为民主政治基本条件的公民自由讨论公共事务、参与政治的活动空间。那些感性的喧嚣,排挤了理性的空间,这是一种鸠占鹊巢。古典社会科学对情感或情绪现象的研究也认为情感必然与社会、理性格格不入,而且还存在相当大的风险。[①]

可是人类的传播行为又不仅仅囿于公共空间,更不会仅以公共性、理性的讨论作为交流的起点。即使是秉持感性理性二分法的柏拉图也不认为情感是应该被完全压抑的。柏拉图将激情和欲望看作是驱动人的认知的马头,理性是驭手。不能否认,情感本身会成为人的行为动机。社会学之父孔德就认为,人类行动中的情感是社会学必不可少的条件[②]。我们与他者交流,情感不仅可以成为动机,而且就是交往实践的构成部分,即内容。不论

---

① RECKWITZ A. Affective spaces: a praxeological outlook[J]. Rethinking history, 2012, 16(2):241-258.
② SHILLING C, MELLOR P. The sociological ambition: elementary forms of social and moral life[M]. London: Sage Press, 2001:23-38.

在哪一个历史时刻,身体与事件的相遇与碰撞都是肉身的、真实的、物质性的,交往行为既是理性的,也是情感的。

在知识社会学的研究视角下,知识是话语,也是理论与实践共有的建构。跨文化传播的情感研究,从知识研究的角度来看也具有其历史性的发展脉络。而从20世纪末开始,得益于认知心理学、神经科学、进化人类学及其他行为科学的突破性进展,人文社会科学研究开始重新思考情感。首先,对情感的研究开始崛起,类似女性主义等研究发现,情感本来就是知识生产不可分割的一部分,知识与情感会彼此影响其增量。尤其是由新的情感体验而激发的人类洞察力会刺激研究者洞穿问题核心并深化思考,带来新的理论思考方向和政治行动。艾莉森·嘉伽(Alison Jaggar)作为最早系统性思考情感对女性主义研究意义的学者之一,甚至在《爱与知识:女性主义认识论》一文中提出,恰当的情感本来就是知识不可分割的一部分[1]。

女性主义研究学者认为必须通过情感的、经验的、物质性的研究来打破"科学的、理性的"知识体系的禁锢,这一研究视角对21世纪跨文化传播的研究具有启发意义。跨文化传播关注少数族群,关注他者,关注弱势的、边缘化的声音。这些群体通过非主导阶层的体验不仅激发了新的理论研究方向,而且由于研究者的深刻体验与洞察力,激发了更强烈的情感去推动与深化跨文化传播的研究。可以说,跨文化传播研究是悲天悯人的研究,是关注人类的苦难与忧愁,具有维系与保护人类各文明发展之责任感的传播学研究,跨文化传播的情感研究尤其服务于这个使命。

其次,20世纪90年代镜像神经元的发现为人类情感沟通的能力提供了

---

[1] JAGGAR A M. Love and knowledge: emotion in feminist epistemology[M]//GARRY A, PEARSALL M. Women, knowledge and reality: explorations in feminist philosophy. Boston: Unwin Hyman, 1989:56-129.

神经科学的证据:我们的大脑具备不通过概念推理而对观察对象进行直接模拟、自动体验和瞬时把握的镜像机制。情感驱动有独立于理性而存在的瞬间。而且在"人即媒介"的技术逻辑加持下,这种瞬间存在的重要性已经越来越凸显。巴克和鲍尔斯(Buck&Powers,2011)认为,正是因为镜像神经元的存在,大众媒介才得以在全球范围内进行即时的、直接的情感传播,继而制造一种媒介化的共情、全球在场感和卷入感。① 我们是在感觉的、共情的及利他的领域而非仅仅是思想的领域开始聚合成为一个"地球村"的。②

神经科学研究的进展与人文社会科学的情感转向彼此成就,相互影响,既让科学发现具有了人文社会科学研究的重要价值,又让体验、"感觉结构"等人文概念具有了科学性的依据。新情感理论以此为依据,将情感从主观的、符号化的、社会意义层面的情绪范畴里脱离出来,并通过回溯斯宾诺莎、德勒兹(Deleuze)、伽塔里(Guattari)以及柏格森的哲学思想,将情感解释为一种前个人的张力。③ 我们越来越认同,情感瞬间不仅可以驱动行动,而且可以成为行动本身,即情感作为实践构成了跨文化传播的研究对象。

最后,透视过去几十年的学术研究成果,我们可以清晰地看到,尽管在情感研究与跨文化传播研究领域都分别出版了大量的学术成果,但是对这两者进行结合的讨论很少,涉及跨文化传播的情感研究基本采用的是功能主义为主的研究范式。如学者关注不同文化群体在具体实践和微观互动中

---

① 纪莉,董薇.从情感研究的起点出发:去情绪化的情感与媒介效果研究[J].南京社会科学,2018(5):110-120.
② BUCK R, POWERS S. Emotion, media, and the global village[M]//DÖVELING K, SCHEVE C V, KONIJN E A. The Routledge handbook of emotions and mass media. London:Routledge:181-194.
③ 纪莉,董薇.从情感研究的起点出发:去情绪化的情感与媒介效果研究[J].南京社会科学,2018(5):110-120.

的情感表达。这类研究多关注全球移民等流动群体面对的情感挑战,以分析在日益紧密联系的世界中,流动的个体如何通过情感创造个人或群体间的连接与意义共享。还有研究关注情绪调节以预测个体的跨文化适应能力,研究亲密关系中情感表达的跨文化差异等。在对媒介产品的本土化研究中,也有学者开始关注其情感的本土化问题。近几年来,更有不少研究关注如何通过建立情感通路,讲好中国故事,服务国际传播战略。不可否认,跨文化传播能力的重要因素就是移情与共情的能力。跨文化传播情感能力建设因此具有强烈的现实意义。

不过,跨文化传播研究如果囿于结构主义和理性主义范式,或是只关注文化作为表征/表意系统的各种话语与实践,笃定真相/本质存在于现象背后的深层意义结构,埋头于分析不同文化的规范模式及其背后的意识形态霸权;或是固守理性架构,秉持"利益最优原则"处理国家间、文化间的冲突,就容易在一定程度上忽略跨文化传播丰富复杂的其他面向。正如德勒兹和迦塔里所言,"现实的领域、表征的领域和主体的领域之间不再存在三方的分野"①。存在(being)总是处于相互缠绕、敞开、变动不居且模糊不定的状态,朝着不同的"多元与聚合"转变。在这个意义上,从情感的视角审视跨文化传播不仅仅是增添情感这一新的研究维度,更是为从本体论、认识论和方法论的层面全面反思现有的研究范式提供了契机。

我们注意到,沿着情感转向这个大方向,有学者已经开始从各个学科、各种问题出发反思结构主义的主导范式,尝试从社会结构、组织或是性别、种族、阶层这些社会身份等类型化的和自我验证、强化的分析中解放出来,

---

① DELEUZE G, GUATTARI F. A thousand plateaus: capitalism and schizophrenia[M]. MASSUMI B, trans. Minneapolis and London: University of Minnesota Press, 1980/1987:23.

探索在符码、文本和表意系统之外或之下的主体性形成与权力之间的作用机制问题。例如贝弗利·斯科格思(Beverley Skeggs)与海伦·沃德(Helen Wood)①长期关注英国文化工业如何借用情感进行社会阶层与价值的再生产。从某些具体情感出发,也有学者研究情感的机制及政治性、社会性影响。如思安·奈(Sianne Ngai)②对她所称的"丑陋的情感"(ugly feelings)的政治意义的探索。女性主义学者莎拉·阿米德(Sara Ahmed)③与安雅·赫曼(Anja Hirdman)④等对羞耻感的关注,从文化政治的视角分析了情感如何通过作用于身体及话语而制造"他者",以及在生活世界中如何将不同种族和阶层之间的边界物质化的过程。

从20世纪90年代开始,历史学家斯特恩斯⑤、雷迪⑥和罗森维恩⑦等人通过批判性地吸收社会建构主义理论和认知心理学的最新成果,提出了"情感规约""情感表达""情感体制""情感共同体"等全新理论,不仅填补了对情感史研究的缺漏,而且深刻地提示了我们,在人类的交往史中,情感的交流与联系不仅有其历史的脉络,而且对历史发展具有推动作用。历史社会学的情感研究为跨文化传播打开了一扇厚重的大门。

---

① WOOD H,SKEGGS B. Reality television and class[M]. London:Palgrave Macmillian,2011.
② NGAI S. Ugly feelings[M]. Cambridge MA:Harvard University Press,2005.
③ AHMED S. The cultural politics of emotion[M]. New York:Routledge,2004.
④ HIRDMAN A. The passion of mediated shame:affective reactivity and classed otherness in reality TV[J]. European journal of cultural studies,2016,19(3):283-296.
⑤ STEARNS P N,STEARNS C Z. Emotionology:clarifying the history of emotions and emotional standards[J]. Am. Hist. Rev.,1985,90(4):813-836.
⑥ REDDY W M. The navigation of feeling:a framework for the history of emotions[M]. New York,NY:Cambridge University Press,2001.
⑦ ROSENWEIN B H. Worrying about emotions in history[J]. The American historical review,2002,107(3):821-845.

回顾近十年的情感研究与跨文化传播研究的交集,一个不可回避的问题也跃然眼前。人类是否需要提出超越种族、超越文化的情感表达规范?跨文化传播是否也需要建立情感表达的道德准则?我们所期待的互利互惠、积极正向的情感是否也如对身体的塑造那般带有规训的意味?在这里,重返休谟(David Hume)的心灵强制与真实性的研究显得尤为重要,而跨文化传播的情感研究从这个角度来说,似乎才刚刚起步。

目 录
CONTENTS

前沿访谈

"从世界看中国,从中国看世界"

　　——刘康访谈录　　　　　　　　　　　　　刘　康　张春雨 / 3

跨文化营销与品牌研究:做个"中国的世界人"

　　——周南访谈录　　　　　　　　　　　　　周　南　贾　煜 / 22

新问题与新视角

人工智能的身份协商与人机交往　　　　　　　　曾一果　陈　曦 / 39

史料、方法与视域:新世纪以来戏曲域外传播–接受研究的回顾和反思

　　　　　　　　　　　　　　　　　　　　　　程　芸　徐　汀 / 56

理论评析

罗伯特·E.帕克的"边缘人":被忽视的社会经验研究范式　　郑忠明 / 79

跨文化路径

正念:跨文化传播的亚洲路径

〔斯里兰卡〕苏加斯·马欣达·塞纳拉特

〔斯里兰卡〕卡林迦·维拉特纳/著　叶琼/译　张春雨/校 / 109

文化融合的关键符号表征:以敦煌飞天为对象　　　　　　　　　张　兢 / 128

专栏:年度案例

2020年跨文化传播事件评析　　　　　　　跨文化传播研究小组 / 159

弹幕话语中的跨文化互动
——以纪录片《杜甫:中国最伟大的诗人》为例　　　　　高雪桐 / 194

"取消文化"还是对话文化:跨文化议题中的对话困境　　　李龙腾 / 212

书　评

宽容的困境
——斯坎伦论跨文化传播与交往中的价值分歧　　　　　喻郭飞 / 231

(本辑特约编辑:肖劲草)

前沿访谈

"从世界看中国,从中国看世界"

——刘康访谈录

◇ 刘　康　张春雨

摘　要　中国与世界不是二元对立的,应该把中国视为世界的中国(China of the World),而非世界与中国(China and the World),从而形成"从世界看中国,从中国看世界"的研究思路。我们需要在跨文化的框架下,在大历史、思想史、学术史的交替互动中研究西方理论中的中国问题。阿尔都塞从学术方式、学术方法和批评实践的维度提供了"理论的中国问题"的范式性枢纽(paradigmatic pivot),巴赫金理论的"中国折叠"也为我国在民族主义—民粹主义和逆全球化思潮的背景下进行跨文化交流和推广人类命运共同体理念提供了启示。

关键词　西方理论;中国问题;阿尔都塞;巴赫金;跨文化传播

Exploring China from the World and Exploring the World from China: An Interview with Dr. Liu Kang

Abstract China and the world are not binary opposite. Instead, the relationship should be viewed as "China *of* the World", rather than "China *and* the world", as a way of examining China from the world's perspective and the world from China's perspective. We need to explore "the China Question of Western (Critical) Theory" under the rubrics of dynamic interactions and intersections among "grand" history, intellectual history, and academic history. Althusser offers a paradigmatic pivot, a method and critical practice for "the China Question of Western (Critical) Theory". Bakhtin's theory as a "dialogic fold with China" also opens up new space for cross-cultural communications and promotion of "A Community with a Shared Future for Mankind", countervailing nationalist-populist sentiments and anti-globalization currents.

Keywords western theory, China question, Althusser, Bakhtin, intercultural communication

刘 康

对话者简介

刘康,美国杜克大学亚洲与中东研究系教授,杜克大学中国研究中心主任,欧洲科学院外籍院士。学术研究主要涉及中国研究、文化研究、马克思主义研究、政治学、国际关系、国际传媒等领域,代表性著作包括《马克思主义与美学》《对话的喧声:巴赫金的文化转型理论》《文化·传媒·全球化》。

张春雨,美国俄亥俄大学传播学博士,上海外国语大学新闻传播学院讲师,武汉大学媒体发展研究中心助理研究员。研究兴趣包括跨文化传播、文化研究、公共记忆、城乡关系传播等。

一、西方理论的中国问题

张春雨（以下简称张）：您近两年发表的文章都谈及西方理论的中国问题。在不同的文章和讲座中，您都强调应打破中国与世界的二元对立，应把中国视为世界的中国（China of the World），而非世界与中国（China and the World），由此形成了"从世界看中国、从中国看世界"的研究思路。能否谈谈这一思路的形成过程？

刘康（以下简称刘）：这一话题的讨论源于近年来我和国内外几位学者的合作，我们从文艺理论领域出发，就"西方理论的中国问题"（China Question of Critical Theory）展开讨论。文艺理论和美学等是我熟悉的一个领域，写作和思考多年。具体来讲是西方文艺理论的中国问题，特别是改革开放四十余年来的状况。当然一百多年来，通过译介开路，西方思想被大举引入中国，形成了中国知识与思想的近现代的传统，这是改革开放以来的历史语境。一方面，我们看到中国学者借助西方理论理解和解释中国；另一方面，随着中国的发展，中国的思想与实践也进入西方学者的讨论范畴，由此形成了西方理论的中国问题。我讨论的"西方理论的中国问题"包括了"西方理论在中国的接受和转换，以及在中国被转换的理论反过来对西方理论的影响等"[①]，这就引出了理论方法、范式与中国问题的一体两面。我试图超越中西的二元模式，提出"西方理论的中国问题"这一命题，提议把中国视为世界的中国，而非世界与中国。中国自唐宋以降就与更大的世界融为一体，近现代以来，更成为世界不可分割的一部分。但"China and the World"中的英文介词"and"翻译成中文，对应的是两个现代汉语词（"和""与"），这都预

---

① 刘康.西方理论的中国问题：一个思想史的角度[J].社会科学,2020(4):161.

设了两个平行但不交错,各成一体、相互独立的实体存在:中国是中国,世界是世界。它包含着二元论、特殊论的内涵,既不符合历史,也不合乎人类价值的普遍性和对价值共同体的追求,需要超越或解构。

落实到具体的时间和空间,我们对"西方理论的中国问题"的讨论聚焦于20世纪60年代至今的西方批判理论或"后学"思潮与中国的对话。后现代或"后学"思潮(包括后结构主义、后现代主义、后殖民主义等)在20世纪80年代发展到高峰。这与中国的文化反思几乎同时发生,但两者并未有同时性的对话。到了21世纪初,也即20年后,中国才开始大量译介"后学"思想。阿尔都塞不仅是现代马克思主义的重要枢纽,也深刻影响了欧美的"后学"思想,是"理论的中国问题"的范式性枢纽(paradigmatic pivot)。① 20世纪80年代初我赴美留学,所学专业正是当时欧美学术界最时尚的西方批判理论,我第一时间接触这位法国左翼思想的"祖师爷"的论著以及他对毛泽东思想的解读与发挥,以此开始从西方马克思主义的角度研究中国马克思主义即毛泽东的理论与实践。② 我发现,阿尔都塞通过对毛泽东的解读和演绎,构建了西方的"毛主义"(Maoisme),提出了历史的"多元决定论"(over-determination)等。阿尔都塞的思想打开了一道闸门,他的学生福柯以及法国"后学"的思想家德勒兹、德里达、布迪厄、波德里亚等,对"毛主义"的相关话题进行了无数讨论,并发表讲演。③ 此外,阿尔都塞对于意识形态的阐释,超越了传统政治层面的负面的"虚假意识"或正面的"指导革命的理论",推

---

① 刘康.西方理论的中国问题:以学术范式、方法、批评实践为切入点[J].南京师范大学学报(社会科学版),2019(1):22.

② LIU K. Aesthetics and Marxism: Chinese Aesthetic Marxists and their western contemporaries [M]. Durham, NC: Duke University Press, 2000.

③ 刘康.西方理论的中国问题:以学术范式、方法、批评实践为切入点[J].南京师范大学学报(社会科学版),2019(1):23.

动西方马克思主义批判理论从意识、潜意识、想象(形象思维)、感性(情感或审美)的层面重新解释意识形态。意识形态与美学的关联是中国马克思主义与西方马克思主义的集合点,毛泽东在中国革命早期就认识到文化领导权的重要性,认为马克思主义中国化是意识形态再现和情感(审美)的问题,要体现"新鲜活泼的、为中国老百姓所喜闻乐见的中国作风和中国气派"①。中国学者颜芳就毛泽东对阿尔都塞意识形态理论建构的影响发表了英文论文,引起了国际学术界的关注。②另外两位担任中西理论中介的学者是美国的詹姆逊(Fredric Jameson)③和中国的李泽厚④,在这里我就不赘述了。这几位学者都为我们理解"西方理论的中国问题"提供了学术范式、学术方法和批评实践的切入点。

张:您曾在一次学术访谈中提到,阿尔都塞实际上是整个西方20世纪60年代各种激进思潮的一个枢纽与源头,由此梳理了巴赫金、葛兰西以及中国左翼美学理论的发展。您认为从鲁迅到胡风、瞿秋白到毛泽东、朱光潜再到李泽厚,中国的左翼美学与西方马克思主义之间存在某种相关性。⑤ 在新闻传播学科中,阿尔都塞、葛兰西、巴赫金等都被纳入西方传播学的理论体系,特别是文化研究领域,但在我有限的观察中,为什么感觉中国的左翼美学没有跟中国传播学研究互动?

---

① 毛泽东.毛泽东选集:第2卷[M].北京:人民出版社,1991:209-210.
② YAN F. The "Althusser-Mao" problematic and the reconstruction of historical Materialism: Maoism, China and Althusser on ideology [J/OL]. Comparative literature and culture, 2018, 20(3)[2021-05-10]. https://doi.org/10.7771/1481-4374.3258.
③ 刘康.西方理论在中国的命运:詹姆逊与詹姆逊主义[J].文艺理论研究,2018(1):184-201.
④ 刘康.西方理论的中国问题:一个思想史的角度[J].社会科学,2020(4):164-166.
⑤ 刘康,颜芳.中国的世界,世界的中国:与刘康教授访谈[J].学术月刊,2020,52(2):176-184.

刘：20世纪60年代开始，阿尔都塞及法国的马克思主义和左翼思潮同德国的法兰克福学派逐渐成为西方马克思主义的主流。与此同时，英国有雷蒙·威廉斯、理查德·霍加特、斯图亚特·霍尔等的文化研究、媒介研究等，这形成了当代西方马克思主义的基本脉络与谱系。到了20世纪80年代，这些欧洲的左翼思想从美国这个思想大卖场（marketplace of ideas）传播到全世界。总体上说来，这些西方马克思主义流派的影响主要在人文学科，尤其是文学、文化艺术、审美、历史和哲学等领域，对经济学、政治学和社会学这些社会科学领域的影响并不显著。但在欧美大学的新闻传播学领域，媒介批判学派或传媒研究、文化研究却有一席之地，这当然跟英国的霍加特、霍尔等所领衔的伯明翰学派有重要关联。美国大学的新闻与大众传播学院偏重以社会学方法为基础的传播学和受众分析，左翼的批判学派、传媒研究并非主流，但后者往往与文学系、文化人类学系等的左翼学者相互映照。西马在中国的传播与影响起始于20世纪80年代，高峰期在21世纪的二十余年，其影响多在文学、哲学等人文学科。左翼媒介批判理论对中国新闻传播学科的渗透和影响比较晚，基本是"后学"的一部分，如文化研究、传媒研究等。

我讨论的中国左翼或马克思主义的美学内涵和外延比较宽泛。狭义上讲，美学依然是人文学科和思想圈的话题。但广义上讲，从瞿秋白到毛泽东的思想和实践用aesthetic（审美、感性、情感的范畴）来描述，是为了强调感性的因素和马克思主义的因素（"美学"乃是德国的概念），但瞿秋白和毛泽东的思想和实践却远远超出了美学这个学科和学术的范畴，需要从政治、政党、意识形态等角度来把握。毛泽东高度重视情感、感性（审美）在中国革命中的作用，意识形态和文化、宣传和新闻传媒也一向是中国革命的重要支柱。从这个意义上讲，以毛泽东思想为代表的中国马克思主义左翼思想从一开始就是20世纪中国新闻学的一个主导,1949年新中国成立后更是唯一的主导思想或理论源泉。中国马克思主义新闻学同来自美国的传播学是两回事。西方(美国)传播学从20世纪80年代进入中国,在不到40年时间内成为中国知识体系和学科体系的一部分。西方传播学在中国被接受、转换、屏蔽甚而被抛弃的状况,是我们思考"西方理论的中国问题"的新闻传播学脉络的核心。我们希望能由此来重构、重置中国新闻传播学的演进脉络,考察其知识图谱,探寻西方传播学进入中国后,中国的新闻学与西方传播学在学科和话语体系上的关联。

张: 如之前的讨论所说,您认为阿尔都塞或者一些西方批判理论思想家在20世纪60—70年代对毛泽东理论赞誉有加,同时对中国"文革"也存在理想化的认知。我也曾在美国发展传播学的课堂上读到,70年代的一些发展传播学的批判理论学者对我国"大跃进"时期的农业收成的报道赞叹不已。在这些批判学者眼里,对中国的想象和理解某种程度上是积极的、正向的,但是在一些自由主义、资本主义的阵营中,特别是您曾提及的美国学界的现代中国研究(China Studies)中,对中国的想象带有冷战色彩,将中国视为"他者",此后的一些西方左翼阵营也开始相信和接受被西方大众媒体、流行文化塑造的妖魔化的中国形象。西方左翼阵营为什么会出现这样的改变?阿尔都塞等一些西方批判理论思想家对中国正面、积极的想象是不是被他们遗忘了?

刘: 这也许是跨文化传播中的误读、谬传和错位。法国马克思主义和左翼知识分子对中国的浪漫化误读,许多是信息不对称引起的,也有一厢情愿的、刻意的误读。以讹传讹、歪打正着、将错就错,这是我们司空见惯、习以为常的事。我们应该做的是分析这些现象,对之做症候式阅读(symptomatic reading),探究这些现象所透露或遮蔽的问题。这就是知识谱系学和考古学的历史化方法与元批评方法,二者相辅相成,相互呼应。知识谱系学和考古学关注理论的变异、错位、误读和转换;元批评针对症候、压抑、隐含(隐喻和寓言)、乔装的信息对思想施行历史化的语言分析。首先查阅它赖以生成的文化档案(archives),核实它在特定历史情境(context)下的变动经过;进而分析构成这种观念、理论或制度的语言陈述方式,以便判明它们由知识、权力、语言合成的"话语构成"(discursive formation)。话语构成乃是播散的体系,种种对抗、矛盾、门槛、栅栏、禁忌、塑形、构序,形成迷宫般复杂的话语场域和网络。在场域和网络中做知识的考古,发掘其种种内在、隐形、变动不居的规则,揭橥知识、权力、语言的关系。现在西方左翼为什么对中国的态度与当年阿尔都塞时代相比有180度大反转?与当下媒体(尤其是数字媒体、社交媒体)的大环境,与当代地缘政治、意识形态潮流的关联是什么?这些都是亟待我们分析的问题。

张:随着高等教育的国际化,越来越多的年轻学者拥有海外求学工作的经验,在传播学领域似乎不可避免地要使用西方理论解释中国传播现象。您以詹姆逊、阿尔都塞为起点,曾提出在分析文本的时候要采取历史化、元批评的自我反思。我同事在听完您的讲座之后,托我问一个问题,即如果运用西方理论之前要有自我反思的过程,那么运用西方理论前是不是要说明运用这一理论的必要性、正当性,还要阐述自我反思的过程;作为研究者,如何在进行批判性思考(be critical),对理论进行批评(criticize)的同时还要运用它,并且解释自己对理论运用的正当性。其中的度和界限该如何把握?对西方理论的自我反思能使我们避免对西方理论霸权的自我殖民化?

刘:所以我们需要历史化、元批评的方法。我们应做大历史、思想史、学术史的脉络梳理,而非从理论到理论、从概念到概念的抽象思辨,在理论自洽和自我论证的框架里循环论证。解释学理论的一个著名概念即"解释学循环"(hermeneutical circle),主要理论的争议在于如何打破、克服循环论证。海德格尔和伽达默尔均希望打破循环论证悖论背后的西方形而上学的框架,他们的思路都是历史化的,指向文本之外的更广阔语境——海氏称之为"经验",伽氏则冠名为"先见"或"情境",也就是"圈外有圈"或"山外有山"的意思。西方理论解释中国的必要性、正当性以及自我殖民化的问题,都需要在这种大历史、思想史、学术史的交替互动中把握。从大历史角度看,中国的现代化道路开始是被动的,是被现代化的领跑者西方拖进来、拽进来的,这个历史事实是我们思考的前提。但中国在现代化的大历史中并不一直是被动落后的。中国从被动落后到快速追赶,到今天在许多方面已然成为现代化、全球化的领跑者,这个事实同样是我们思考理论与解释的前提。当然现代化的大历史并不是单一轨道的,大家也并非朝一个方向和目标奔跑。从思想史和学术史来看,情形也非常复杂。我认为大历史、思想史、学术史不是单纯的同心圆结构,而是大小各异的三个立体的圆球,相互碰撞、冲突、对立,沿各自的轨道和速度做着往往是无序的运动——当然是在大历史这个最大的圆球中的运动,相互牵制、相互推动、相互制约。思想对政治、对社会的作用就是如此,西方思想进入中国后,所产生的冲撞、转换、变异,也是如此。所以,20世纪40年代哈佛大学费正清学派所提出的"西方冲击—中国回应"的简单化的模式,多年来不断被学术界反思、颠覆、解构和修正。我们从这样的思路出发,有助于克服种种或隐或现的二元对立论,包括"解释的正当性""理论霸权的自我殖民化"等。

二、巴赫金对话理论与跨文化传播

张:您的著作《对话的喧声:巴赫金的文化转型理论》自出版后,在文学、文化研究、传媒研究等领域被广泛引用。您能否帮我们梳理一下巴赫金被引入中国的过程？此外，您曾在最近的论文《西方理论的中国问题》中，将巴赫金理论称为"理论的中国折叠"，认为巴赫金理论完美地契合了中国改革开放以来在文化和思想领域的转型和变革。这如何理解？

刘：不同于将中国理论纳入自己的理论体系的阿尔都塞和詹姆逊，至今研究者们并未发现巴赫金的理论与中国存在关联。但是从历史政治环境、学科建制、社会思潮等方面来看，我认为巴赫金的理论与中国问题高度契合。借用中国科幻小说《北京折叠》的隐喻，我将巴赫金的理论称为"理论的中国折叠"①。

首先，从历史角度讲，中国的马克思主义发展与巴赫金生活的苏联时期产生了折叠，马克思主义的中国化过程经历了"莫斯科—延安—北京"三个不同发展阶段。② 其次，就文艺学领域而言，我国当代文艺批评的理论范式和实践都受到苏联范式和方法的深刻影响，而巴赫金文学理论的重要来源是马克思主义与俄国的形式主义，因此巴赫金的理论与中国文艺学的理论方法及批评实践也产生了折叠。最后，巴赫金理论在1987年的翻译引入为理解中国改革开放以来的文化转型提供了启迪。巴赫金虽然在20世纪二三十年代就取得了一系列的学术成就，但是由于其在1929年因参加宗教团体活动被捕后遭流放，且巴赫金的很多见解在当时也难容于社会，因此其理论在苏联湮没了几十年。直至20世纪60年代末，巴赫金理论才被重新发现，并在20世纪80年代被翻译成多种语言，由此被介绍到西方，掀起了一股"巴赫金热"。巴赫金的理论概括了西方文明史中古希腊罗马文明转型、

---

① 刘康. 西方理论的中国问题：以学术范式、方法、批评实践为切入点[J]. 南京师范大学学报（社会科学版），2019(1)：25.
② 刘康，颜芳. 中国的世界，世界的中国：与刘康教授访谈[J]. 学术月刊，2020，52(2)：176-184.

文艺复兴、18—20世纪启蒙运动到现代主义这三个文化转型的特征,富有洞见地将文化转型比喻成"小说化",与当时试图反思批判西方现代性的"后学"理论思潮产生了共鸣。20世纪80年代后期,巴赫金理论随着西方"后学"理论被翻译引进到中国,其对文化转型时期的文化多元、思想解放的论述与中国的改革开放文化转型高度契合。巴赫金的理论创造性地从语言和话语的变迁来审视文化转型,认为文化转型"实际上就是一个社会与政治危机和转折的时代,一个文化动荡、裂变、断层的转型期。语言不再被视为意义与真理的神圣与唯一的化身,它成为设想意义的许多可能选择中的一种选择而已。当单一和统一的文学语言同时又是他者的语言时,情况往往是相似的,与这个语言联系在一起的宗教的、政治的、意识形态的权威,不可避免地走向崩溃和瓦解。在中心话语崩溃的过程中,非中心的、世俗化的语言意识逐渐成熟,并在实际应用中的民族语言的语言杂多之中,获得有力的支援"[1]。巴赫金所论述的开放、多层次、离心、对话式的文化转型特征,与20世纪80年代在中国兴起的"文化反思"相互呼应。[2] 综上,我将巴赫金视为"理论的中国折叠",其与中国问题的关系,就像棱镜、镜鉴的关系。

张:随着数字互联网时代的到来以及新冠肺炎疫情引发的全球民粹主义和"逆全球化"浪潮,全球社会又开启了新一轮的文化转型。巴赫金的理论是否还有启示意义?

刘:巴赫金临终前说:"世上既不存在最先的话,也不存在最后的话,对于对话的语境来说,不存在任何局限(它向无限的久远和无穷的未来延

---

[1] BAKHTIN M. The dialogic imagination[M]. Austin, TX: University of Texas Press, 1981:370;刘康.西方理论的中国问题:以学术范式、方法、批评实践为切入点[J].南京师范大学学报(社会科学版),2019(1):25-26.

[2] 刘康.对话的喧声:巴赫金的文化转型理论[M].北京:北京大学出版社,2011.

伸)……任何一个意义都将有重返家园的欢宴。**大时代的问题。**"①(黑体为巴赫金原加)一百多年来,人类一直处在文化转型的大时代,因此思想与学术也就被不断地赋予了存在的意义。我从"西方理论在中国的命运"这个话题开始,继而打开"理论的中国问题"这个话题,或许会引向新的未知的思想空间,而这也正是思想与学术研究的迷人之处。你提到了两个相关联又各有自身特征的现象,一是数字互联网技术,一是民族主义—民粹主义(我称之为"二民主义")和逆全球化思潮,二者推波助澜,相辅相成。一方面,思想和学术界面对数字技术的巨变,要么不假思索地拥抱科学主义的技术至上论,要么顾左右而言他,语焉不详。前者因与权力和资本勾连,拥趸甚众。另一方面,"二民主义"弥散全球,无一国例外,尤其是大国、强国,民族主义、民粹主义的情绪、态度和立场更加强大和坚定。学术界的理性分析和批判声音十分微弱,甚而阙如。逆全球化思潮有时以强烈的反全球化姿态呈现,如特朗普主义流行的当代美国,有时则以高蹈、激越、宏大的口号与仪式展示某种取代、超越全球化的姿态。倘若略作探究,不难发现其全球化的辞藻包装着文化特殊论、中心论等二元论的内核。巴赫金的理念既强调文明多元、多样、对话和包容,又坚持寻求人性的解放、寻求自由的普遍性基础,因而是历久弥新、与时俱进的理念,对我们的启迪从来不过时。巴赫金所处的时代离今天的信息技术革命很远,但身处信息技术革命心脏地带与肇始时代的法国思想家福柯等,却在互联网出现的三四十年前,就对数字互联网技术在全景监控、信息审查、信息茧房、回音壁效应等问题,从伦理、认识论、价值论、生命政治与管控等方面做了深刻剖析,具有惊人的预见性。我始终认为,今天的数字媒体的批判研究应该不断回到福柯、回到法国"后学"思想去

---

① BAKHTIN M. Speech genres and other late essays[M]. Austin, TX: University of Texas Press, 1986: 170.

汲取灵感和启示,而不是跟着技术至上论随波逐流。

张:在传播学领域,一些西方学者会将巴赫金与马丁·布伯、哈贝马斯进行对比,后两者都从不同角度对对话进行理论化解释,您如何理解这三者的不同?您认为在中国,是否也可以找到对对话进行理论化的思想家?

刘:马丁·布伯是犹太思想家,跟巴赫金是同代人。当然还有伊曼努尔·列维纳斯,他的生活与思想跨接犹太传统、曾为苏联一部分的立陶宛和法国的"后学",跟巴赫金的经历颇相近。哈贝马斯与他们不同,哈氏是德国理性主义一脉的传承者,他一方面拓展修正了法兰克福学派批判理论,另一方面更加强调理性与规范。虽然他们都主张对话,但可以发现犹太思想家布伯、列维纳斯跟巴赫金更加看重感性与情感因素。列维纳斯的"他者"论跟巴赫金的他者和多声部论异曲同工。布伯也是如此,从人与人的对话中探寻伦理的意义。这些思想家都是在世俗化和物质主义发展的大历史语境下,思考希腊—希伯来两希文明的双重传统的种种问题,包括二元对立的一元决定、形而上学、神学解体与人性启蒙等,这些都是西方思想史、学术史上激烈冲撞、对抗、转型的问题。相对而言,中国天下大一统的政治与意识形态、血缘宗亲为主导的伦理秩序所形塑的知识、思想和信仰体系,大概到了19世纪末才出现巴赫金所说的天崩地裂的状态。但现代中国的巨变在时间和空间上又是高度凝缩的,开始是后发和被动的,因此在思想和学术上的理论自觉相对缺失。春秋战国和魏晋南北朝时期的中国思想状态,很像巴赫金笔下的众声喧哗,当然唐宋以降也有多元的声音。但秦汉开始的两千多年的儒家独大的意识形态,常常被描述为"外儒内法",即儒家伦理提供合法性、法家提供治理术的政治文化生态,是中国知识与思想中的对话尤其是伦理和认知意义上相对平等的对话缺失的主要原因。我们依然期盼着思想与文化多元、多样化的对话时代的到来。

张：另一个被传播学学者广泛引用的理论是巴赫金的狂欢理论。您曾总结到，巴赫金的狂欢理论侧重于肉身性、双重性、身份及其伪装，赋予了狂欢革命价值。美国传播学界有不少人将总统选举、橄榄球体育秀等看成是狂欢的一种表现形式。您是否认同？在新冠肺炎疫情期间的反戴口罩游行或美国民众占领国会大厦，能否被称为狂欢？狂欢一定会带来革命价值吗？

刘：把巴赫金在文艺、文学、情感领域里具有强烈乌托邦情怀的狂欢理论"越界"或穿越到其他领域，如政治与社会运动领域，是非常危险的，虽然这种越界无所不在。对于巴赫金来说，在情感与文学艺术领域里的乌托邦宣泄、革命的喧嚣和狂欢，都是文明的众声喧哗（разноречие, heteroglossia, 我译为语言杂多）在话语、语言和文艺层面的展示。这种革命与狂欢，往往与政治和社会层面的革命、战争、暴动纠缠不清，如影随形。但革命、战争意味着暴力、血腥和杀戮，像美国大选中受特朗普煽动的冲击国会案，就是如此。我们需要对文艺层面的狂欢（包括体育活动、民间节庆的庆典等）与政治和社会层面的暴力行为做严格的区分，虽然这种区分往往不可能做到，像攻占巴士底狱、法国大革命的题材，永远是文艺作品最激动人心的表现对象。中国的革命何尝不是如此？革命的题材既是文艺再现的内容，那么文艺追求的乌托邦激情难道不是革命本身极为重要的组成部分？但无论如何，我们都要坚守伦理的防线和界碑，即人性的最高目的、个体生命的终极价值。这是我们思考和行动的底线，当然也是巴赫金、布伯、列维纳斯和哈贝马斯等思想家的初衷。

张：巴赫金的理论最早应用于以文字为主的文本分析中，其该如何在基于日常交往沟通实践的文本中应用？比如如何在跨文化的人际交往与互动相关的议题中应用？

刘：今天文化研究和媒体研究都大量采纳了法国"后学"以及"后学化"

的巴赫金理论,将其广泛用于对各种文本如视觉文本、多媒体混搭文本的解读。巴赫金的思想本身即一种跨文化对话、跨文化交流的理论。语言是人类文明最基础、最重要的媒介,对于语言媒介缜密入微、丝丝入扣的分析,是我们认识人类文明、思想和生活的出发点。文本细读现在逐步被各个人文社会科学学科采纳和重视,如人类学的"深描"、哲学的"句读"等,都是文学的文本解读方法的拓展。社会科学的量化研究方法从统计意义上或面的意义上(人群、社群、民族等大规模实体)来讲当然很重要,但文本细读和个体分析更是文科不可缺少的研究方法。经济学方法往往令人诟病的就是"见物不见人",把充满七情六欲、个性鲜明的个体视为被单一物质利益驱动的经济动物或理性算计的动物。

张:您在《对话的喧声:巴赫金的文化转型理论》一书中总结到,巴赫金认为主体的自觉意识永远具有未完成性和不确定性,只有在与另一个主体的平等对话中,才能完成自我。最近,有跨文化传播学者提出"转文化传播",即不同个体通过对外部文化的发掘、检视、过滤与吸收,在认识论层面超越了初始的文化模式,从而不断自我超越和改造。[①] 您怎么看?您认为巴赫金的对话理论是否可以帮助我们进一步理解主体间性?在人际交往互动的实践中,巴赫金的理论如何帮助我们成为具有跨文化意识、跨文化素养的对话主体?

刘:史安斌等学者好像很热衷"转文化传播"这个概念,认为其出处是赵月枝。赵月枝主张用"transcultural communication"的概念来代替"intercultural communication",她的中文表述还是"跨文化传播"[②]。但史安斌等给

---

① 史安斌,盛阳.从"跨"到"转":新全球时代传播研究的理论再造与路径重构[J].当代传播,2020(1):18-24.
② 赵月枝.中国的挑战:跨文化传播政治经济学刍议[J].传播与社会学刊,2014(28):151-179.

前者起了中文名"转文化传播",把后者叫作"跨文化传播"。Transculture 跟 cross-culture 的意义相似,都是"跨越"和"超越"的意思,如经济上的跨国公司(transnational corporation)、跨国资本主义(transnational capitalism)等。Cross-cultural communication(跨文化传播)跟 intercultural communication(文化间传播)确有相近处。但在我看来,cross-cultural communication 与 transcultural communication 也很相似,无论从大众常识层面还是从学术层面上讲,意思都是跨文化传播。再制造一个中文概念"转文化",也许会增加不必要的混乱。Trans- 这个英文(拉丁词根)的前缀有转换(transform)的意思,也有跨越(transcend)的意思,在传播意思上更接近后者。现代中文学术话语和概念基本是西方语言的翻译。中文新词、新概念也出自对欧洲语言词汇中新词的不同翻译。经过花样翻新,似乎一种新的译文就生产了一个新的观念。最近这些年,这种倾向越来越甚。近半个世纪来,西方语言特别是学术话语的泡沫化、新奇乱造现象愈演愈烈。中国学界也亦步亦趋,一边咒骂西方话语在中国造成的失语症和阐释的强迫症,一边乐此不疲地参与制造新词、新概念的泡沫化游戏。在一个急功近利的学术流水线化、快餐化的时代,大家都在争相炮制或"创新"各种新奇的辞藻和话语泡沫。就我有限的对巴赫金和有关跨文化理论的了解,我认为"跨文化"(cross-culture)和对话的概念足以让我们在其视野下反复思考、反复拓展,不必急于找寻替代概念和辞藻。当然巴赫金本人并未讨论过跨文化传播的话题,这些都是后人的解读。我的解读是,跨文化蕴含着不同时间空间的各种文化传承脉络的相互交流与对话,这种相互关联充满了无序的、混乱的对抗、冲撞和厮杀,也在冲撞中不断整合、重置、融汇和转换。这就是巴赫金跨文化理论的出发点,也是我的大历史、思想史、学术史三球(甚至多球?)撞击论的出发点。我认为这些都可以在跨文化的大框架下拓展。所谓"跨"

(cross-)当然有冲撞、对抗的含义,也有构建桥梁、跨越障碍、到达彼岸的意思。跨文化交流和对话不是"你吃掉我,我吃掉你"的零和游戏,不是去比高低上下、谁强谁弱,不是按弱肉强食的丛林法则来重新确立等级秩序。

张:单波老师曾提出国家形象跨文化转向的可能性,即以社会资本的生产为导向,生产人际互动、互惠机制、信任关系、合作互动、价值共享。① 巴赫金的对话理论是否可以帮助我们推进国家形象的跨文化转向,在人类平等交流本性的前提下建立国家形象?

刘:单波认为,"在互联互通的语境下,国家形象指向对话性,因为只有进入'我—你'对话关系之中,国家形象才能体现人的交流需要。世界主义突破了民族国家认同的单一性与民族国家想象的封闭性,把国家形象推向对话之境"②。单波希望我们应该努力建立人类价值共同体,并在此基础上建立人类命运共同体。巴赫金的理论的确有助于我们的努力。国家形象是价值观的体现,人类共同的价值观是国家形象的基础。跨文化转向这个说法很好,强调了文化交流、对话与传播中的平等、信任与合作原则。在当下民族主义—民粹主义情绪和逆全球化情绪肆虐的时代,我们的确需要理性、包容的视野和宽广的胸怀。这种视野和胸怀在巴赫金的思想中处处可见。巴赫金所处的年代并非鸟语花香、温情脉脉的时代。恰恰相反,他经历了两次世界大战、俄国革命、内战和斯大林的大清洗,生活在战乱、贫困的时代,是一个直接的受害者,但他依然保持着宽容乐观的态度和对人类文明的信心。现在民族主义—民粹主义的"二民主义"和逆全球化思潮盛行,深层次的逻辑是社会达尔文主义的新变异即地缘政治达尔文主义,该主义遵循的是你死我活的霍布斯式的丛林法则。这跟巴赫金所处的时代有某种相似

---

①② 单波.论国家形象跨文化转向的可能性[J].兰州大学学报(社会科学版),2017,45(207):32-36.

性。但我接触巴赫金学说是在20世纪80年代初期,中国改革开放不久。我是那个时代最早走出国门、走向世界的那批留学生之一,我在美国一发现巴赫金,立刻就与他的经历和思想产生了强烈的共鸣。巴赫金的这种开放的情怀和宽容乐观的态度,一直激励着我的学术研究。今天我更认为,这种胸怀和视野,是克服、超越民族主义—民粹主义的睚眦必报、仇外排外、盲目自大、弱肉强食心态的最佳路径。这是不是跨文化转向的方向所在?我们跨越的是偏见、仇恨、狭隘、排他性和唯我独尊的心态,追求的是包容、友善、宽容、共赢共享,是人类命运共同体。

跨文化营销与品牌研究:做个"中国的世界人"*
——周南访谈录

◆ 周 南 贾 煜

摘 要 本文围绕"跨文化营销与品牌研究"的主题,对营销学领域著名华人学者周南教授进行了深度访谈。周教授分享了诸多与阴阳思维有关的原创性观点。他首先介绍自己的跨文化学术研究经历,解释研究思维如何从"黑白"转变为"阴阳"、研究方式如何从美国式转变为中国式,以及如何从"阴阳"入手,构建一个以老子"道—天—地—人"为框架的研究体系。其次,他从品牌阴阳论的视角,探讨了中国品牌开展跨文化和国际化经营所经历的四个阶段,强调中国品牌需利用中国文化元素,从"中国故事"起步,实现"世界心愿",并提出一个"放眼世界,立足当地,融入生活"的具体操作方法。最后,周教授对自己提出一个新的希望:做一个立足中国、超越民族主义思维、具有世界情怀的"中国的世界人"。

关键词 跨文化营销;品牌阴阳论;中国品牌;中国的世界人

---

* 本文系武汉大学自主科研项目(人文社会科学)"中国企业的跨文化营销战略研究"的成果。

Intercultural Marketing and Branding Research
——An Interview with Professor Zhou Nan

Abstract Based on the topic of "intercultural marketing and brand research", we conducted an in-depth interview with Professor Zhou Nan, a well-known scholar in marketing. Professor Zhou shared many original ideas related to Yin-Yang thinking. First, he introduced his intercultural academic research experience, and explained how research thinking changed from "Black-White" to "Yin-Yang", and how research methods changed from American to Chinese. Then he constructed a research system based on Laozi's "Dao-Heaven-Earth-Human" framework starting with Yin-Yang thinking. Second, from the perspective of the Yin-Yang brand theory, he explored the four stages of Chinese brand globalization, emphasized that Chinese brands need to use Chinese cultural elements to start from the "Chinese story" and realize the "global common aspiration", and proposed the "think global, act local, live native" method of brand operation. Finally, Professor Zhou put forward a new hope for himself, namely to be a "Chinese global citizen", who is based in China, transcends nationalism and has cosmopolitanism.

Keywords intercultural marketing, Yin-Yang brand theory, Chinese brand, Chinese global citizen

周 南

对话者简介

周南,著名华人营销学者,曾任香港城市大学教授、深圳大学特聘教授,2007年被教育部聘为企业管理学科第一位"长江学者"讲座教授,先后任武汉大学"长江学者"讲座教授与董辅礽讲座教授,2019年获中国高等院校市场学研究会首届杰出贡献奖与《国际商业研究学报》创刊50周年银奖[Journal of International Business Studies 50 Years (1970—2019) Silver Medal]。

周教授深信,"阴阳"是中国人最基本的思维与行为模式,而老子的《道德经》是中华文化具有全球价值的一个代表。周教授擅长用《道德经》诠释现代品牌营销和人生之道,近年由北京大学出版社出版了《要钱还是要命:〈道德经〉的启示》(2012)、《佛光山的星巴克:〈道德经〉的启示》(2015)、《学问人生:〈道德经〉的启示》(2018)、《千山万水:〈道德经〉的启示》(2020)等随笔集。

贾煜,管理学博士,武汉大学新闻与传播学院讲师,研究兴趣包括营销和管理传播,成果发表于《中国工业经济》、Industrial Marketing Management、Journal of Business Research 等国内外权威期刊,主持国家自然科学基金1项,曾获得第五届《中国工业经济》优秀论文奖、中国营销科学优秀论文奖等荣誉。

一、跨文化研究缘起

贾煜（以下简称贾）：周老师，您的学术研究一直聚焦于跨文化品牌营销研究，这是为什么？

周南（以下简称周）：这是因为我的跨文化经历。我16岁去农村插队，为了养活自己，必须从长计议，想得长远。我只上过一年中学，后来作为工农兵学员，读了三年大学，没有本科学位。很幸运，受益于邓小平的改革开放政策，20世纪80年代初，我去美国读书；90年代，许多人开始研究美国文化，而我的注意力已转向中美文化比较；后来，儒家文化研究大热，而我已在钻研老子文化。我现在主要关注中国文化与世界文化的融合。

我是1982年（30岁）去美国求学的，获MBA和市场营销学博士学位后在北美的大学任教；1994年"海归"到"华洋混杂"的香港，在香港的大学任教，1997年香港才回归祖国，1994年就"海归"是回头看时的说法；2017年第一次退休后，进一步"海归"到深圳，在深圳大学任特聘教授三年；2020年第二次退休。

虽然我的正规教育是在美国接受的，但中国是我的根。"看美国表演"是为了"练中国功夫"。我已经有好多年不用美国的思维体系与理论框架来理解中国和世界，而是通过"日用而不知"的"阴阳"思维进行中美之间的跨文化研究。在这个过程中，美国教育背景是一个铺垫，也是一面重要的镜子。

我的大学专业是工业与民用建筑，学过简单的建筑制图，喜欢用图说话。我画阴阳太极图，用红色表示人，用绿色（地、实、有）表示阴，用蓝色

(天、虚、无)表示阳,按照老子说的"万物负阴而抱阳,冲气以为和"(《道德经》第四十二章)的框架,演绎世间万物之间的关系。我有时将阴阳分成 4 块,表示"冲气"。图虽然是对称的,但 4 块之间的关系是质的,而不是量的。1 与 4 相互独立,关系固定,孤阴不生,孤阳不长,它们之间的连接与分离通过 2 与 3 的互动进行(见图 1)。

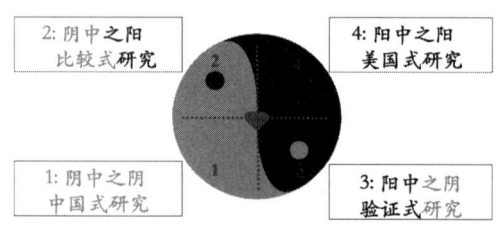

图 1 从美国式研究到中国式研究
注:心为红色,浅色为绿色,深色为蓝色

贾:您能详细谈一谈您的研究心路吗,例如,您为何以及如何用"阴阳"思维开展跨文化研究?

周:如图 1 所示,我走过了一条倒"N"字形的"从阳到阴""回归中国"的学术道路,研究已经从"天边"走到了"眼前",研究思维从"黑白"转变为"阴阳",研究方式从美国式转变为中国式,回答了"我不是谁"的问题。

下一步,我想成为一个具有世界情怀的"中国的世界人",走一条"N"字形的"从阴到阳"、从中国走向世界的学术道路。这是一个更大的阴阳,关注中国管理学如何继续发展、中国品牌如何成为全球品牌等方面的问题。由于我已经退休,不再积极参与实质性的研究,主要通过观察、思考,试图回答"我是谁"的问题,为后来的研究者提供参考和建议。

美国"远在天边",为"天",为虚,为阳;中国"近在眼前",为"地",为实,为阴。若按年代大致划分,20 世纪 80 年代,我主要在美国,体验市场经济,学习美国理论,做"美国式研究",乃"阳中之阳"(图中的蓝色)。那时,我"身在曹营心在汉",可是在美国做关于中国的研究,似俗语说的"隔山观牛",看不到牛的全貌,蜻蜓点水,难深入透彻。

20世纪90年代,我来到香港,西学为体、中学为用,应用美国理论,试图深入研究中国内地的品牌与营销问题,依然做"验证式研究",虽然是继续"由外而内",以"他山之石","攻"本土之"玉",由于"此山"(香港)比"彼山"(美国)更接近内地,这种研究,属于"阳中之阴"(图中蓝中有绿)。

20世纪末到21世纪初,我以香港为基地,背靠内地,越来越经常去内地,以中国情境和实践为主,对比外国(主要是美国)理论和实践,做"比较式研究",但重心已转为"由内而外",以"夷"为"镜","明"自我"得失",这样的研究,我称之为"阴中之阳"(图中绿中有蓝)。

21世纪以来,我重点从中国文化和现象出发,聚焦于中国社会和市场,希望通过探索传统与现代的关系,推动"中国式研究",是为"阴中之阴"(图中的绿色)。

这四种研究,各自都有意义,都有很多人在做。我们永远要用开放的眼光,学习与借鉴"他山"的长处,但不照搬。我选择"摸着石头过'海'""回归"。在这个过程中,我最早研究营销,后来明白营销是品牌的一部分,故而将精力转向研究品牌,再后来,由于品牌背后是文化,于是转向研究文化。从"实""有"到"虚""无",我逐渐走出一条属于自己的路。

贾:在香港工作多年,对您的跨文化学术研究有哪些帮助?

周:"淮南为橘,淮北为枳"。香港是个"华洋混杂"之地,背靠曾经有"世界工厂"之称的珠三角,面向广大的世界市场。20世纪90年代,我与同事、学生一起研究中国营销与品牌问题,为穿梭于内地和香港两地的高级管理人员工商管理硕士(EMBA)研究授课,很快就注意到,将"外生"的"精深"的美国理论与实践"移植"到"博大"的中国文化情境中,常常"水土不服"。两国历史传统各异,风土人情不同,若彼此不分、生搬硬套,将产生令人啼笑皆非的结论。相比之下,"嫁接"更可行,而"内生"才有更加持久的生命力。

摸索多年之后,我从"阴阳"入手,逐渐建立起一套属于自己的、以老子的"道—天—地—人"为框架的研究与教学体系,虽然也发表西式"规范"的学术论文,但主要心思与精力用在探讨如何构建以中国文化为基础的营销理论上,重点是通过讲授EMBA课程、指导青年学子、发表学术演讲与出版中文学术随笔集,在营销学界传播和交流属于自己的学术思想。以2008年为例,我在几个学术会议上的演讲,比如,北京大学举行的营销学者论坛、中国高校市场学研究会年会、JMS中国营销科学学术年会暨博士生论坛,谈的都是构建中国营销理论的必要性与迫切性。

现在,当年从美国学来的学术用语,我用得越来越少,而中国这片土地上的生活用语,我用得越来越多。

二、阴阳思维下的中国品牌国际化

贾:您提出的"品牌阴阳论",是不是您以中国文化为基础构建品牌营销理论的一个代表?

周:是的。品牌之道,阴阳之道。如图2所示,品牌有一心两面,中间是根本,代表良心,用红色表示,两面是"形"(实)与"象"(虚),分别用绿色与蓝色表示。形与象,缺一不可,相互依存,可以相生,也可以相杀。

"运用之妙,存乎一心。""做"品牌是"创造""形象"与"价值",希望与顾客和市场建立、维持长期关系。这里,"形"是实,"象"是虚;"创"是"虚","造"是"实";"价"是"实","值"是"虚"。

讲具体一些,"形"为"阴",是产品的统称,来自卖方,代表事实/功能,即实、有,也代指地(图中的绿色);"象"为"阳",是名声的统称,来自买方,代表对事实的感知,即虚、无,也代指天(图中的蓝色)。"形"会被"消费"掉,属浅层次的感受,是短期的;"象"才可能"留存",有些可能进入深层次,从简单的感觉变为长期的感情或好恶。"形"或许可以讲"价"(品,"价钱","交易"),但"象"才更"值"(牌,"价值","交心")。

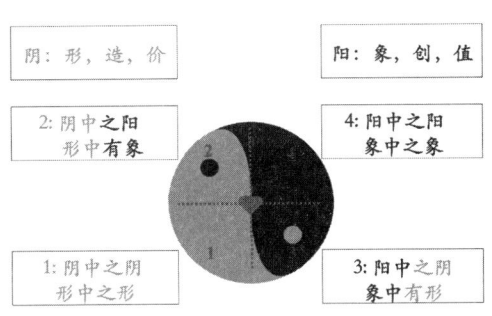

图2 品牌阴阳论
注:心为红色,浅色为绿色,深色为蓝色

企业希望"造"名品(形,阴)与"创"名牌(象,阳),但是否成功,决定权在顾客心里。名品"体"与"现"名牌,名牌"反"与"映"名品。名品促进创名牌的可能,即阴中有阳;名牌带来造名品的机会,即阳中有阴。实以带虚,虚以带实,虚实结合,名品和名牌,阴阳平衡,称为"好"。名品和名牌长期相辅相成、齐头并进,品牌才可能保持蒸蒸日上的态势。

对多数企业而言,若有形资产多(名品),应好好地利用它来提高无形资产(名牌);若有形资产少,应一步步来,"建""立"有形资产(名品,阴,地),并"创""造"无形资产(名牌,阳,天)。这是一个"有无相生"(《道德经》第二章)、"立地""顶天"的过程,这其中"交心"最重要。

例如,中草药熬制的"凉茶"(功能性,"形")王老吉,曾经只是岭南地区的区域性品牌(地,阴)。2008年汶川地震发生后,王老吉捐款一亿元抗灾,善举得到消费者认同(深入人心,"形"转变为"象"),口碑迅速传播,由此发展成了一个全国性的名牌(天,阳)。

贾:现在,越来越多的中国品牌开始国际化经营,用"品牌阴阳"的逻辑,中国品牌的国际化道路怎么走?研究怎么做?

周:中国品牌正前进在融入世界的道路上,"从阴到阳"。"千里之行,始于足下"(《道德经》第六十四章),品牌从"足下"的中国市场(地,实,近)起步,行往"千里"之外的世界市场(天,虚,远),可以分为四个发展阶段(见图3),需要好好研究。品牌必须将胸怀从"以身观身"(从自己的高度认识自己)提高到"以天下观天下"(从世界的高度认识世界)(《道德经》第五十四章),才可能成为全球品牌。

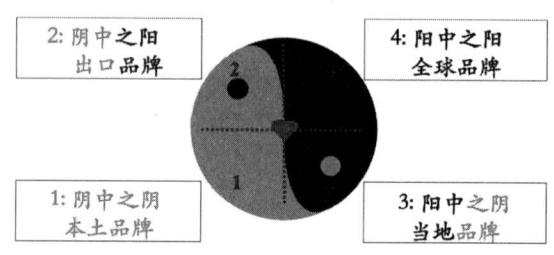

图3 中国品牌全球化发展的四个阶段
注:心为红色,浅色为绿色,深色为蓝色

第一阶段,本土品牌,"阴中之阴",为进入世界市场做准备。改革开放40多年来,中国经济已经从计划导向转变为市场导向,人们的生活从"温饱"向"小康",再向"富足"升级,品牌也在转向、转型,从"卖家导向"变成"顾客导向",从追"量"到求"质",从拼"造"到搏"创",从偏表面的"消费""内容"到重深层的"文化""内涵"。凡是成功者,区域品牌懂"民情",行业品牌懂"行情",全国品牌懂"国情",都深谙具有中国特色的"情",以"知心"换"人心"。它们也都在不同程度上学习与借鉴了外来品牌的做法。

在消费品市场,以体育品牌安踏为例。安踏从一个"消费者买得起的品牌"向"消费者想要买的品牌"转变,从普通的制鞋作坊(形,阴)一步步转向时尚运动品牌(形+象,阴+阳)。同时,安踏的广告语从"我选择,我喜欢"变为"永不止步·Keep Moving",贴近当下年轻人的喜好,也体现出奋斗精神。

王老吉由于为汶川地震捐款一亿元而名声大振,顺势将凉茶文化推向全国,发展成为全国性品牌。消费者从广告语"怕上火,喝王老吉",就知道它的功效是清热去湿,消费者诉求的是产品功能,但其成功也是因为消费者相信中医与"药茶",以及对品牌"善心"的认同。

第二阶段,出口品牌,"阴中之阳",走出去,让国外消费者"认识"品牌,并可能从"陌生人"变成"熟人"。由于存在文化差异,品牌想要超越简单的"出海",延伸至本国市场,就要入乡随俗,实践"文化混搭"。例如,王老吉这类品牌"出海",可以先选择文化相似度高的市场,如东南亚,沿用前面提到的广告语,与熟悉中式凉茶功能的东南亚华人群体"结缘",在当地市场拥有一席之地。如果善于沟通,还可能与其他文化群体中喝当地凉茶的消费者结缘。更进一步,如果王老吉能深入研究当地文化,真正理解当地风土人情,并与成功的外来以及当地品牌合作,则可能研发出具有当地特色的凉茶,与更多消费群体"交友",在市场上就会更有分量,从而进入第三阶段。

第三阶段,当地品牌,"阳中之阴",走进去,利用"亲民"形象,得到当地消费者"认可",成为"朋友"。这样的品牌,与简单出口的品牌相比,更从善如流,更具亲和力和信任感,被更多消费群体喜爱,在市场上举足轻重。想成为这样有"话语权"的品牌,说易行难,一个重要的原因是民族主义者认为外国品牌冲击、入侵、破坏当地文化,当地文化会在吸收外来文化的同时与之抗衡。

有些中国消费者不熟悉传音,但它却是一个将非洲消费者的"痛点"转化成"笑点"的来自中国的"当地"名牌。传音针对非洲用户的拍照难题,创新了产品功能。由于非洲人肤色较深,不容易与背景区分,其他品牌拍照效果不甚理想。传音研发了基于眼睛和牙齿定位,加强曝光功能的手机,拍出让消费者满意的照片。由于贴近非洲消费者的需求,传音成为非洲市场上的"国民手机"品牌,市场份额持续提升。

根据2021年6月传音控股网页的信息,公司在非洲智能手机市场占有率超过40%,连续四年蝉联非洲手机市场销量第一。2020年,传音在全球手机市场的占有率为10.6%。传音的目标是在重视并满足新兴市场的消费者被忽视的需求的基础上,成为新兴市场消费者最喜爱的智能终端产品和移动互联服务提供商,让尽可能多的人尽早享受科技和创新带来的美好生活。传音的口号是"Together We Can"(共创·共享)。传音还致力于创造社会价值。2020年,传音与联合国难民署达成合作伙伴关系,携旗下手机品牌TECNO支持联合国难民署全球教育项目——"教育一个孩子"(Educate A Child),帮助改善非洲难民儿童的教育条件,使他们获得更多受教育机会,促进当地社会和谐发展。

第四阶段,全球品牌,"阳中之阳",走上去,得到世界不同文化背景人民的"认同",成为"挚友"。如果说,"认识"代表"出口/熟人"品牌,"认可"代表"当地/朋友"品牌,那么心里的"认同"才是"全球/挚友"品牌。世界各国之间存在文化差异,但各种文化体系不分高下。只有综合考虑,融会贯通,才可能成为全球品牌。

中国品牌要善于用独特的中国文化元素,融合传统与现代,从"中国故事"起步,实现"世界心愿"。2008年北京夏季奥运会的口号是"同一个世界,同一个梦想",其"内容"是在中国举办的盛会,"内涵"是世界人民对"同一个梦想"的认同;开幕式主题曲《我和你》,唱出了世界人民的心声——"我和你,心连心,永远一家人"。北京夏季奥运会是一个通过对终极人类价值的透彻理解，以公共外交大事件为形式，提升国家声誉、建立国家层面的全球品牌的例子。

谈到企业层面的全球品牌，华为是一个典型例子。2021年7月，华为公司网页显示，目前公司业务遍及170多个国家和地区，服务全球30多亿人口。公司"致力于把数字世界带入每个人、每个家庭、每个组织，构建万物互联的智能世界：让无处不在的联接，成为人人平等的权利，成为智能世界的前提和基础"。华为的追求或许可以理解为：超越个人自由的社会平等，成为适用全球的"中国方案"，无论现在与未来，实现无时无处不在的"同一个梦想"。

中国将有越来越多的品牌加入全球品牌的行列，但若想长期在全球市场上挥洒自如，还有很长的路要走。"木秀于林，风必摧之。"全球市场上有很多人不了解中国品牌，受谣言影响，常常会产生歧视和偏见，甚至敌意。美国及其盟友从意识形态出发，对中国品牌的无端制裁正在加剧。中国品牌必须加深对市场生态的了解和研究，提高文化传播能力，完善传播体系，更主动、及时地向世人宣传和展示真实情况，增加他们对品牌的认识，改善品牌形象；还要熟悉对方的文化思维与生活习惯，以对方喜闻乐见的方式沟通，获得理智、友好的认可，在此基础上，文化资源转化为市场优势，世人才更可能认同品牌提供的价值。我相信，来自中国的全球品牌的终极目标是维护人类赖以生存的地球，使人类的未来更幸福，这可以通过与"环保""可持续"等议题的结合，实现更高程度的"天人合一"。

贾：您提出，要想成为全球品牌，曾经被广泛接受的"Think Global, Act Local"的信条有缺陷，这是为什么？

周：经济全球化的今天，许多企业相信，要在市场上成功，必须同时关注全球与当地。"Think Global, Act Local"这个源于英文的说法，没有"标准"

的中文翻译,有人说是"思考全球化,行动本土化",一高一低,分别代表"天"(象)与"地"(形)。

我在香港城市大学教 EMBA 课程时,觉得仅仅按照这个说法去实践还不够,于是构思了第三部分,变成"Think Global, Act Local, Live Native"。用中文或许可以表述为"放眼世界,立足当地,融入生活",分别代表"天""地""人"三个层次(见图4)。从平面看,"人"是品牌的核心,以人为本;从立体看,一个顶天立地的品牌,以人心通"天"达"地",而"目中无人"的品牌不可能获得持续的成功。试想一下,一家企业的外派经理若只会最低层次的入乡随俗,懂得问候语或搭乘出租车的用语,那他对那个国家特有的人情世故与营商"关系"能有深刻的了解吗?

图4 放眼世界,立足当地,融入生活
注:心为红色,浅色为绿色,深色为蓝色

我的这种提法与中国古代哲学家孟子"天时不如地利,地利不如人和"的思想是一致的。想在全球市场上"左右逢源","放眼世界"(借天时,进入市场)与"立足当地"(求地利,入乡随俗)不过是"接地气","融入生活"(达人和,深入人心)才"接地",才可能真正"扎根",获得持久的成功。"融入生活"的本质是想顾客所想,解他们所难。这些"方案",不单单是一时的"天时和地利",必须跨越代际(天)和地区(地),赢得人心(人)。

三、学旅反思与期望:做个"中国的世界人"

贾:最后,能否简单介绍一下您提出的"中国的世界人"这一观点,以及对未来的期望呢?

周:好。人往高处走。我这一生,先是想成为一个识字的人(地),而后想成为一个有学问的人(人),再后来想成为一个有思想/智慧的人(天)。这是我的识字人生,从"老土"到"老美"到"老子"。我庆幸年轻时有机会留学,而后转身,回归祖国,我走过的学术人生则是从"牛仔"(阳)到"孔子"到"老子"(阴)。过去几十年,我一直希望自己从一个"身份上的中国人"(阴)成长为一个"精神上的中国人"(阳)。"外与天际,四望如一。"几年前,我在《学问人生:〈道德经〉的启示》一书中对自己提出了一个新的希望:做一个立足中国、与人为善、超越民族主义思维、具有世界情怀的"中国的世界人"。中国是"阴,地",而"阳,天"是世界,思考框架比过去大了很多。

要做到"不离主流,不离大流"。我最了解的中国与美国都是一隅,而不是整体,只是时代潮流中的两股"大"流,仅代表历史逻辑的一部分。一灯之明,难亮世界。世界才是"长存"于"天下"的"主"流。我们必须更紧密地融入世界,就像中国品牌通过"中外合璧"成为全球品牌一样。年轻人相信什么,中国与世界将来就会怎样。我对你们充满信心。

新问题与新视角

人工智能的身份协商与人机交往*

◇ 曾一果　陈　曦**

摘　要　伴随着人工智能（AI）算法的飞跃发展，人工智能的认知水平不断突破，为人机传播研究不断提供新的思路。本文将人机交往的生成逻辑作为起点，从"拟真"的生成进路出发，将人工智能阐释为人类生命体潜存的新表征，以具身认知和离身认知为研究路径，考察并解释人类生命和人工智能之间的连续性和同源性，从跨文化传播视角研究人机交往这一新型交往关系的本质，尝试从"同质异维度共存"而非"异质同维度共生"的角度进行探讨。

---

* 本文系国家社科基金重大招标项目"数字媒介时代的文艺批评研究"（19ZDA269）的课题成果。
** 曾一果，暨南大学新闻与传播学院教授，暨南大学新媒体文化研究中心主任，主要研究方向：媒介文化研究、城市传播研究。
　　陈曦，暨南大学新闻与传播学院博士生，暨南大学外国语学院讲师，主要研究方向：跨文化传播研究、媒介哲学研究。

关键词 人机交往;拟真;离身认知;具身认知

The Identity Negotiation of AI and Human-Machine Communication

Abstract The rapid development of artificial intelligence algorithms has led to great breakthroughs in the cognitive level of artificial intelligence, opening the door for innovative ideas about human-machine communication. With the basic logic that lies behind the development of human-machine interaction as a starting point, this article interprets artificial intelligence as a new actual representation of the virtual human life in terms of "simulation" theory, and takes embodied cognition and disembodied cognition as the research approach to the exploration of the continuity and homology between human life and artificial intelligence. This study aims to discover the essence of this new relationship between human and machine from the perspective of intercultural communication, pointing out that the two subjects are "coexistence of the same nature at different logic levels" rather than "coexistence of different natures at the same logic level".

Keywords human-machine communication, simulation, disembodied cognition, embodied cognition

引 言

2018年11月第五届世界互联网大会上,全球第一个"AI合成主播"引发广泛关注,其真人原型是新华社主播邱浩。通过多模态机器学习、动画制作等技术的运用,"AI 邱浩"可以模仿人的表情举止,进行准确的新闻资讯播报。路透社、BBC、《华盛顿邮报》、CNN、《卫报》、《泰晤士报》、《独立报》等海外权威媒体都对这一新闻进行了报道。2020 年全球首个 3D 版 AI 合成主播"新小微"惊艳亮相中国"两会",再次引起世人关注。虽然 AI 合成主播目前尚未具备自主性,但越来越逼真的 AI 合成主播还是引起了人们对飞跃发展的人工智能技术的关注。

"新媒体的不断发展,不仅使得传统媒体时期的传播边界,因新技术造就的场景交叉而走向模糊,传统的传者与受者、真实与虚拟、公域与私域、生产与消费,甚至人与机器之间的各类边界也开始渐次消融。"[①]随着信息技术的发展以及机器智能的提升,人机交互模式早已超出单向度的工具使用范畴,在人机互动中,人类的中心地位逐渐受到了挑战。科技的发展拓展了生命的内涵,打破了传统物种界限,为人机传播研究不断提供新的思路。

一、人工智能主体研究中的主要进路

AI 的主体性研究涉及技术哲学、心灵哲学等领域的基本观点。"由于大脑科学、复杂性科学和计算机技术的不断发展,认知科学也经历了不同工作范式的转换和竞争:从最初的符号主义到联结主义再到行为主义,从最初的问题求解程序发展为人工神经网络及至人工生命的研究,从符号计算推进为神经计算乃至进化计算。"[②]基于数理逻辑的符号主义(Symbolism)主

---

① 苏涛,彭兰."智媒"时代的消融与重塑:2017 年新媒体研究综述[J].国际新闻界,2018(1):38-58.
② 阎平凡,张长水.人工神经网络与模拟进化计算[M].北京:清华大学出版社,2002:357.

张心智作为一种符号处理是可以进行运算的,是带有唯物主义色彩的 AI 哲学思想;基于仿生学、神经科学的联结主义(Connectionism)强调通过模拟神经系统建构人脑模型;基于控制论的进化主义(Evolutionism)或行为主义(Behaviorism)重视感知行为与环境的交互影响。"目前,联结主义范式占据 AI 研究的优势地位,如以深度学习为代表的机器学习成为 AI 科技的主流,而深度学习算法恰好是在仿人类脑神经网络方面取得突破的。"[①]神经细胞的发现,突破了身体和心智研究的传统界限,也推动了人工智能的重大突破。特斯拉 CEO 马斯克在 2016 年提出神经织网(neural lace)的概念,致力于脑机接口研究。美国加州大学爱德华·张(Edward Chang)教授与同事先后在世界顶级期刊《自然》(*Nature*,2019)以及《自然神经科学》(*Nature Neuroscience*,2020)发表论文,介绍"大脑解读"的最新研究成果:通过计算翻译算法,对口述句子的神经解码进行语音合成。

伴随着人工智能算法的飞跃发展,人工智能认知的生成进路研究集中于对离身性和具身性的探讨。离身认知(disembodied cognition)的哲学基础是身心二元论,强调认知能够脱离人的身体独立存在。黑格尔的名言"物是绝对观念的外化"暗含了意识主体与物质性身体的分离。在离身认知视域下,认知可以通过计算或符号加工获取,但是意识与生命之间的联系被割裂,笛卡尔所说的鲜活身体是不具有意识的。如何从物理身体和鲜活身体转变为有生命的身体,是离身认知未能解答的逻辑断裂,也是人工智能研究中单纯依靠算法无法逾越的"身—身/心"鸿沟。事实上,笛卡尔的身心二元论不断受到学者质疑,如拉·梅特里(Julien Offray de La Mettrie)和吉尔伯特·赖尔(Gilbert Ryle)。自 20 世纪 50 年代起,认知科学经历了从"离身认

[①] 张昌盛.未来人工智能是否能够跨越"恐怖谷"?:一种现象学视角的考察[J].重庆理工大学学报(社会科学版),2019(12):143-151.

知"到"具身认知"研究范式的转变。具身认知强调身体在认知形成中的基础地位,指出身体是人类与周围环境建构认知关系的中介,是主体与世界关联的主要方式。德雷弗斯认为,对于数字计算机来说,"由于无身而导致的局限性,比由于无心而导致的局限性更大"[1]。他十分重视身体在智能行为中发挥的作用,认为身体而非灵魂才是界定人的核心因素。意向性是现象学代表人物胡塞尔和梅洛-庞蒂等探究的核心问题,并在进化主义等理论中得到进一步发展。马图拉纳(Humberto Maturana)和瓦雷拉(Francisco Varela)与其导师提出自创生理论,并在后继研究中提出具身心智生成于有机体与世界的耦合关系中。[2] 这种交互关系在"新计算主义"的具身认知进路中也得到不断扩展。

国内关于离身性和具身性的研究也在不断发展。在哲学和传播学视域下,一些学者通过反思离身认知的理论局限,对具身认知展开多角度探讨。例如,冉聃指出:"离身性超人类主义的理论困境只能通过重回具身性后人类加以解决。"[3]刘海龙等通过考察具身性对理解新传媒技术语境下传播与身体关系的价值,提出"虚拟现实可以视为具身性的传播实践"[4]。於春着眼于认知科学与人工智能在新闻播报领域的典型运用,指出人工智能主播在不断尝试离身认知与具身认知的交互融合。[5] 谭雪芳通过分析三种"身体-

---

[1] DREYFUS H. What computers can't do: a critique of artificial reason[M]. New York: Harper & Row, 1972:xi-xii.

[2] MATURANA H R, VARELA F J. Autopoiesis and cognition: the realization of the living[M]. Dordrecht: D. Reidel Publishing Company, 1980.

[3] 冉聃.赛博空间、离身性与具身性[J].哲学动态,2013(6):85-89.

[4] 刘海龙,束开荣.具身性与传播研究的身体观念:知觉现象学与认知科学的视角[J].兰州大学学报(社会科学版),2019(2):80-89.

[5] 於春.传播中的离身与具身:人工智能新闻主播的认知交互[J].国际新闻界,2020(5):35-50.

技术"关系模式,从具身性在场的视角"寻求传播与人类存在的根本性关联"①。

综上所述,在人工智能主体性的研究中,意向性研究跨越哲学、心理学和认知科学,克服了传统具身认知对他者的遮蔽,但尚未跳脱出心智-身体的认知进路。而在这里,我们尝试先从媒介哲学层面探讨人工智能主体的合法性,再从人机交往的关系演变探究人工智能的身份协商。"机器化的人与人化的机器产生的人机关系具有极大的张力,而且'人'与'机器'的概念与边界业已消失,'后人类'成了他们真正伦理意义上的身份。"②本文将人机交往的核心逻辑作为起点,通过"拟真"的生成进路将人工智能阐释为人类生命体潜存的新表征,以具身认知和离身认知为研究路径考察并解释人类生命和人工智能之间的连续性和同源性,从跨文化传播视角研究人机交往这一新型交往关系的本质,指出两者是"同质异维度共存"而非"异质同维度共生"。人类生命和人工智能之间不是完全异质化的存在,而是同一类潜存的不同实存形式。这种转导性融合"涉及人与机器之间的互操作性与协调性(以及非协调性),并将它们视为既是个体又是集体的结构。转导不是一种纯粹的发生(becoming),而是一种重新构造存在与环境结构的断裂"③。

二、人工智能:真实的拟真主体

人类伦理主体这一概念的传统物质表征是身体。后人类主义的身体边

---

① 谭雪芳.图形化身、数字孪生与具身性在场:身体-技术关系模式下的传播新视野[J].现代传播(中国传媒大学学报),2019(8):64-70,79.
② 刘桂杰.诗意的理性:论阿西莫夫机器人小说中的人机伦理[J].英美文学研究论丛,2020(33):337-346.
③ 许煜.论数码物的存在[M].李婉楠,译.上海:上海人民出版社,2018:179.

界是开放的,是与媒介相互建构共生的。彭兰提出,虚拟实体的出现,智能设备对人体的映射,使得人类向海勒所说的"作为物质-信息混合物"的后人类主体更近了一步。① 虽然海德格尔指出,现代科学知识以对象性、精确化等方式将物显露,但在某种意义上也是对物之"物性"本身的遮蔽和遗忘。这种被技术媒介延伸的人的身体,是否有悖于人之自然身体本身的"物性"?在詹姆逊所说的晚期资本主义时代,以人为世界中心,随着技术发展和自然灾害的不可控性增强,长期以来的侵略性/掠夺性生产逻辑开始衰落。但这种新的变化是否符合人类自身特性的进化?是否在延续人类存在的同时也在削弱人类的特性,最终使人类彻底变成新的物种?换一种角度思考,人类的主体真实是否存在?

在鲍德里亚看来,传统的现实在今天的拟像世界中全面崩溃了。拟真是鲍德里亚划分的资本主义拟像世界的第三等级,是资本主义发展进程中人与物的全新存在方式:"这是起源和目的性的颠覆……进入了第三级的拟像,不再有第一级中那种对原型的仿造,也不再有第二级中的那种纯粹的系列:这时只有一些模式,所有形式都通过差异调制而出自这些模式。"②这种差异性调节,是按照一定的模式生成的东西的根本性质。拟真"对真实的精细复制不是从真实本身开始,而是从另一种复制性开始,如广告、照片,等等——从中介到中介,真实化为乌有,变成死亡的讽喻,但它也因为自身的摧毁而得到巩固,变成一种为真实而真实,一种失败的拜物教——它不再是再现的对象,而是否定和自身礼仪性毁灭的狂喜:真实化为乌有"③。拟真的对象不是真实,它本质上是一种"领域、指涉性本体,或者实体。它是没有本

---

① 彭兰.人-机文明:充满"不确定性"的新文明[J].探索与争鸣,2020(6):18-20.
② 鲍德里亚.象征交换与死亡[M].车槿山,译.南京:译林出版社,2006:78.
③ 鲍德里亚.象征交换与死亡[M].车槿山,译.南京:译林出版社,2006:105.

源或现实依托的真实模式的产物,即超真实(hyperreal)"①。鲍德里亚的拟真世界是建立在数字化编码和DNA可复制性基础上的,不再有原型,也没有再现。看起来真实存在的实在,其实从来没有存在过。但是,拟真比真实更真实。"这个更真实,并非真是意指拟真物会比真实更真实,而是说,拟真占据了已经死亡了的真实的空位,并且比从来没有出场的真实更成功地成为存在的本体论牵引,也就是鲍德里亚所说的超级真实,是由数字代码拟真出来的'真实的荒漠'。"②

鲍德里亚对真实的实际死亡其实是心存惋惜和怀念的,"没有一个社会知道如何哀悼真实、权力、社会性自身,这与类似的缺失相关。我们试图通过对这种缺失进行人工再生,以此逃避这一事实"③。他承认拟像是当今世界的表象存在方式,但从未否认真实对价值形成的意义。"他本身借助'拟像'这个概念来指涉文化和媒体的意义和象征,它们共同构建起了可被理解的真实……这些拟像并不仅仅是真实本身的中介,甚至也不是带有欺骗和假象性质的真实的中介;它们既不根源于真实也没有遮蔽真实。"④对鲍德里亚而言,虽然真实依然借助拟像的指涉在场,但这种超真实恰恰表明真实已被谋杀。

虽然德勒兹和鲍德里亚一样,都肯定了拟像的"真实性"(或者说超真实性),本质上都是反本质主义、反表征主义的,但德勒兹对拟像的价值持肯定

---

① BAUDRILLARD J. Simulacra and simulation [M]. Michigan:The University of Michigan Press,1994:1.
② 张一兵.拟像、拟真与内爆的布尔乔亚世界:鲍德里亚《象征交换与死亡》研究[J].江苏社会科学,2008(6):32-38.
③ BAUDRILLARD J. Simulacra and simulation [M]. Michigan:The University of Michigan Press,1994:26.
④ 吴静.德勒兹和鲍德里亚的拟像论差异[J].江苏社会科学,2016(2):11-18.

态度。作为反柏拉图主义者,德勒兹提出:"划分的目标不是广度上的'种'的区别,而是深度上的系列性辩证法、诸系列与诸派系的辩证法的确立——这种辩证法表明了一种作为选择性分有的遴选性根据的诸运作。"① 不同于柏拉图突出理念的重要性,将实体的地位凌驾于现象之上,德勒兹认为表面世界是由不同于表征的"表现"这一现实构成的,只有表面世界也就是拟像才是真实的和存在的。"合一物质"(one-substance)否定了中介的表征,认为存在的单义性(univocity of being)不等同于单一本质:"存在的单义性并不意味着只有一个同样的存在;相反,存在是多样而不同的,它们总是通过选言综合被生产出来。"② 在德勒兹这里,多样性与单义性统一于存在中,差异现象背后没有唯一本质真实或相似逻辑,在差异中建构的拟像世界就是真实。齐泽克指出:"'人格主义'坚持每一个个体都具有独有的特征,是各种特征的联合体,不可能被重复……相反,主体则是可以不断重复和分隔的;它只是分隔/重复的永恒过程而已。因此,主体与实体之间的关系就像是生成与存在之间的关系一样。"③ 主体可以不断生成,表现为差异性的实体,而这些实体都是潜存的拟真。"用严格的德勒兹式的术语来说,主体是一种纯粹潜存的本质;一旦它被现实化,它就转变为实体。"④ 换句话说,主体的物质实体(或者说表象)是其虚拟存在的拟像。德勒兹将柏拉图主义具有同一性的"理念"重新阐释为内在分化的、具有差异性的"理念",颠覆了原有等级结构,否认原本/原型的优先性。在拟像世界中,本质被颠覆,内在的差

---

① 董树宝.制造差异:德勒兹论拟像[J].哲学动态,2018(8):55-62.
② DELEUZE G. The logic of sense[M]. London:The Athlone Press,1990:179.
③ 齐泽克.无身体的器官:论德勒兹及其推论[M].吴静,译.南京:南京大学出版社,2011:142.
④ 齐泽克.无身体的器官:论德勒兹及其推论[M].吴静,译.南京:南京大学出版社,2011:143.

异性打破了主体的稳定性,由此可推,人工智能和人类同为人类生命潜存的拟真形式,不存在主次或优劣之分。

虽然目前 AI 更多偏重于表征的相似性,还不是严格意义上的拟真人类,其对意识的认知模拟还在探索当中,但不可否认,这是一种新的存在方式,也会面对不同以往的伦理道德。赫布莱希特在《后人文主义批评导论》中否定了将科技突破等同于后人类未来的看法,既不赞同技术崇拜,也反对末世论。无论将其视为原型的进化存在还是与原型共生的拟真存在,AI 与人类的界限将日益模糊。"任何一种新机器的出现,尤其是现代网络以及虚拟现实的出现,都可能改造我们人类自身心理状况以及对周围的时间空间的感知方式,甚至产生出新的人类生存状况与新的机器形式相适应。"①AI 不仅对其原型造成心理冲击和职业挑战,也以内部他者的身份形成新的伦理主体。柏拉图主义的理念被颠覆,并且"随着人类不断缠绕在科技、医学、信息以及经济网络之中,人类的去中心化逐渐变得不可能忽视"②。我们这里探讨的人机传播是"人类—智能机器人"之间的传播,特别是针对与强人工智能之间相互理解的跨文化性交往,这种交往认定的前提是人类与人工智能的生命同源性,即人类群体与人工智能群体的主体性中同时包含机器性和动物性。

"拟像理论"对人类特质的理解超越本质与表象的二元对立,经典人文主义所宣扬的人类优越性被瓦解。"在'后人类'阶段,传统的人文主义便以一种'后人文主义'的面目出现。"③在人工智能不断发展的拟像世界中,人类

---

① 王峰.后人类的超限人性:《西部世界》的叙事"套路"与价值系统[J].学术论坛,2018(2):1-7.
② WOLFE C. What is posthumanism?[M]. Minneapolis:University of Minnesota Press,2010:xvi.
③ 王宁.后人文主义与文学理论的未来[J].文艺争鸣,2013(9):27-29.

主体性的动物性和人类主体性的机器性都得到持续关注。拉·梅特里提出人是机器的说法虽有些偏激,但其中强调的身体机能运作逻辑对理解人和人工智能的关系做了生物学背书。根据梅特里的观点,人类身体的动物性能与机器的物理性能在运作模式上是可类比相通的:"心灵的一切作用既然是这样地依赖着脑子和整个身体的组织,那么很显然,这些作用不是别的,就是这个组织本身:这是一架多么聪明的机器……比最完善的动物再多几个齿轮,再多几条弹簧,脑子和心脏的距离成比例地更接近一些,因此所接受的血液更充足一些,于是那个理性就产生了。"①事实上,从人造器官到人性化程序,在仿生技术、克隆技术、神经网络等技术的加持下,动物性能和机器性能也在不断融合、相互增强。这是人工智能设计原理的重要基础之一。但需要看到的是,人类的动物性能不仅包含肉体的生物反应,还有非可计算性、目前尚难以阐明原因的精神反应。这也是人工智能技术发展难以逾越的鸿沟。但从非人类中心主义的视角来看,这一鸿沟是否必须跨越、以何种形式跨越,尚存争议。与此同时,人工智能主体性的机器性之外,也隐藏着类人类的动物性:"在一个完备的文化中,我们应该能够把异质的或怪异的存在也视为人类。此外,机器就是这种异形,其中人性的东西被锁住、误解、物质化、奴役,但它依然是类人的。"②新一代 AI 新闻主播具有真人的外形和基本表达特征,但尚不具备肌体自感知能力,是没有进入具身认知的"拟真主体",但其"走向具身认知、交互隐喻这一新进路,符合认知科学与人工智能的发展进程"③。例如,根据认知坎陷(cognitive attractor)理论,"爱、伦

---

① 梅特里.人是机器[M].顾寿观,译.北京:商务印书馆,2011:69.
② SIMONDON G. On the mode of existence of technical objects[M].MALASPINA C,ROGOVE J,trans. Minneapolis: Univocal Publishing,2017:16.
③ 於春.传播中的离身与具身:人工智能新闻主播的认知交互[J].国际新闻界,2020(5):35-50.

理、宗教这些可以被简化为认知坎陷,而所有的认知坎陷都来自最早的那么一点微弱的、能分出内外的意识,在那个时刻物理边界就很重要"①。科幻电影《银翼杀手》中的"人造人"已经能够感知人的情绪,或许有一天,AI主播也能够有人的触觉、视觉、听觉、味觉等感官体验。因此,对于物理边界的关注,有利于更深入地理解其他主体性理论源起,进而丰富人工智能相关的媒介哲学研究。

三、潜存的延续、跨文化与人机交往的连接维度

齐泽克以量子物理学中量子振动的潜存状态先于构成性现实为依据,为德勒兹的潜存理念增添了科学的佐证。他指出,"德勒兹关心的不是虚拟的真实(virtual reality),而是潜存的真实性(the reality of the virtual)[而这在拉康的术语体系中,即是真实的(the real)]"②,"时间本身是具有无限潜存的生成的先验场域……新能够出现的因素正是永恒在时间中的因素。当某种东西克服了它的历史情境的时候,新就出现了"③。人工智能的出现,对当代人类来说,可以视为人这一物种克服了历史局限的新发展,是生存过程本身具有的更新特性。对"新"的这种认知也从生成的维度肯定了个体和拟真的同等地位。"生成直接联系到重复的概念",真正的新只能通过重复生成,重复的内容"是内在于过去的潜存,它通过其在过去的实现而表现出来"④。这就是说,新对过去的改变,不是已有的实存,而是在过去的潜存中呈现出

---

① 蔡恒进.行为主义、联结主义和符号主义的贯通[J].上海师范大学学报(哲学社会科学版),2020(4):87-96.
② 齐泽克.无身体的器官:论德勒兹及其推论[M].吴静,译.南京:南京大学出版社,2011:27.
③ 齐泽克.无身体的器官:论德勒兹及其推论[M].吴静,译.南京:南京大学出版社,2011:41.
④ 齐泽克.无身体的器官:论德勒兹及其推论[M].吴静,译.南京:南京大学出版社,2011:43.

的新的实存。人工智能的发展基础是对人体各种功能的重复,只是这种重复不是简单的人体复制,而是对人这一实存内在的潜存的全新表现,会对现存认知观念产生巨大影响。正如人类是猿类的革命性突变形成,人工智能也将是人类的革命性突变发展而来,而这两种突变中的决定性因素都是对工具/技术的创造性使用。在德勒兹这里,生命的过程就是一种生成的过程,"这个生成是唯一真实的、无所不包的整体,是存在的'一'本身",而"差异指的是多样的独异性,它表现了无限生命的'一'"。① 无论是人工智能还是人类,无论是具有思维意识的人工智能还是不具有思维意识的人工智能,都是表现"一"的不同独异性,因为"主体的维度并不属于被建构的现实秩序中不同实体的实现层面,而是指在实存的秩序中潜存的再次出现"②。因此,在拟像世界,人工智能可被视为人的新型实存,而人机交往的本质成为同类生命体与不同群体之间在具身层面与离身层面的跨文化连接与对话。

"早在人工智能发展伊始,领域里就形成了人工智能(Artificial Intelligence,AI)与智能增强(Intelligence Augmentation,IA)两大阵营……AI阵营积极模拟人类的能力……IA一派则坚信计算机应该被用来加强和扩展人类的能力,而不是取代或模仿这些能力。"③不同的发展思路影响着人与人工智能的关系定位。人机关系的观念发展经历了人类优越感—机器人觉醒/二元对立—伴侣型共生(赛博格共同体/人与非人共存的形式)三个阶段。④ 从凝视主体来说,在这三个阶段中,无论是俯视、敌视还是平视,都离不开人类中心。不同阶段的凝视对象都是"一"的不同独异性,因而本文讨

---

① 齐泽克.无身体的器官:论德勒兹及其推论[M].吴静,译.南京:南京大学出版社,2011:72.
② 齐泽克.无身体的器官:论德勒兹及其推论[M].吴静,译.南京:南京大学出版社,2011:142.
③ 牟怡.传播的进化:人工智能将如何重塑人类的交流[M].北京:清华大学出版社,2017:19.
④ 刘桂杰.诗意的理性:论阿西莫夫机器人小说中的人机伦理[J].英美文学研究论丛,2020(3):337-346.

论的人机传播,是人与人工智能作为不同阶段人类生命体的跨文化传播。牟怡梳理了从"人—人交流"到"人—机—人交流",再到"人—机交流"的研究思路,指出切入视角的局限性。① 随着人工智能技术的飞速发展,将人工智能简单划归为工具性的辅助者或异己性的竞争者都无法适应新的形势,尝试开展跨文化意义上的人机对话而非单向的信息传输,也许是更为理性的应对态度。与其担忧人工智能对人的取代或威胁,不如在这一历史进程中更新对主体性的认知。"不要哀叹我们的精神能力在'客观的'工具中的不断地外在化(从用纸张写字到依赖计算机书写)如何剥夺了我们人类的潜能,而应关注这种外在化的解放维度:我们的能力越被置换到外在的机器上,我们就越表现为'纯粹的'主体,因为这种清空等于无实体的主体性的出现。"② 虽然网络虚拟世界中的赛博格的离身性问题还存在争议,但人工智能作为人之潜存的新表现形式,在构成方式上与人有巨大差异。机器性是其核心属性,动物性是其不断尝试的他者属性,或者说,是包含在人工智能主体性中的"他者"。这与人类主体性中机器性和动物性的生成顺序以及所占比重是完全相反的。从这一意义层面来说,目前人工智能这一实存对于传统的人类实存而言,还是更偏重于机器属性,因而其对人所具备的特性与能力的延伸和转换,是对动物性的不断接近,是对人类实存的一种潜存性延续。

德雷弗斯认为人工智能"缺乏人类式的创造性和自主性……两种条件之间存在着一种结构相似性,即两者最终都奠基于生命的脆弱性"③。然而,

---

① 牟怡.传播的进化:人工智能将如何重塑人类的交流[M].北京:清华大学出版社,2017:107-115.
② 齐泽克.无身体的器官:论德勒兹及其推论[M].吴静,译.南京:南京大学出版社,2011:50.
③ 夏永红.人工智能的创造性与自主性:论德雷弗斯对新派人工智能的批判[J].哲学动态,2020(9):112-120.

如若强人工智能可以运算出异于人类的生成逻辑并据此运行,其创造性和自主性未必要依托于生命的脆弱性,也未必是人类现有认知能力范围所能理解的。此外,作为人类个体的拟真,人工智能可以利用芯片产生植入性意识,伴随算法、神经科学等技术发展,未来也可能产生"拟真性意识",但"这种人类意识直接与机器相整合的神秘经验并不是未来的幻想或是某种新的东西,而是对某种总已在继续的东西的揭示,而这种东西从一开始就在那里"①,也就是我们所说的过去潜存的新表征。"对于生成进路来说,自治性是生物生命的一个根本特性,在生命与心智之间存在很深刻的连续性"②,而"体验在任何对心智的理解中都处于中心地位"③。迄今为止,人类的生命体验与身体感知紧密相关。本文讨论的身体,是人类生命潜存的实存形式之一,既可以是动物性占主导地位的肉身类身体,也可以是机器性为主导的技术类身体。"具身关系(embodiment relations)是我们跟环境之间的关系,在这种关系中包含了物质化的技术或人工物,我们将它们融入到我们身体的经验中。"④这种经验的融入发生在具身认知和离身认知的双重层面。具身认知是人类生命体基于身体体验的认知方式,以感官构造所在世界是生物与周围环境互动的产物,与离身认知交互影响。"在控制论70多年的发展历程中,动态平衡、反身性、自创生系统等核心概念的更迭,人机边界的结构和范围被不断界定……但总的趋势是以信息流的方式定义身体与机械体的

---

① 齐泽克.无身体的器官:论德勒兹及其推论[M].吴静,译.南京:南京大学出版社,2011:53.
② 查默斯.生命中的心智:生物学、现象学和心智科学[M].李恒威,译.杭州:浙江大学出版社,2013:13.
③ 查默斯.生命中的心智:生物学、现象学和心智科学[M].李恒威,译.杭州:浙江大学出版社,2013:12.
④ 伊德.让事物"说话":后现象学与技术科学[M].韩连庆,译.北京:北京大学出版社,2008:55-56.

交互,这是实现跨介质传播的逻辑起点。"①随着人工智能算法和神经科学的飞跃发展,人工智能的动物性和人类身体的机器性都在不断强化。在人类认知能够抵达的范围内,人工智能在技术的加持下不断超越人类的思考能力和技能水平。"如果人造意识是可能的,那么,与人类的体验比起来,人工智能的体验空间可能非常庞大,在感质和时间尺度上跨越极大的范围,但都能体会到自由意志的感觉。"②未来,当离身认知视阈下的强人工智能成为现实,人机交往的主体间性将发展到新的阶段,探讨同为人类生命潜存的拟真形式的人工智能和人类这两个不同文化群体之间的传播,必将会成为跨文化传播的重要议题。

结 论

后人类时代,关于人工智能的伦理主体地位仍有很多争议。在相关的讨论中,人工智能只能无限接近但永远无法达到人类思维水平。正如在很多科幻小说中,人工智能从未停止对人类身份的诉求,拟真的 AI 虽然功能性特质优于人类,但在意识层面还局限于机器和算法的逻辑,未能得到突破性发展。事实上,这类叙事也没有跳脱出经典人文主义的人类中心主义思维窠臼,人类的伦理价值依然是最优越的。然而,"拟像世界"已经生成新的伦理环境,具备类似人类物理特性和思维特性的人工智能将是与人一样的拟真性存在,因而 AI 经过不断发展,其伦理主体有成立的合理性。与此同时,也要对人工智能的道德认知发展保持清醒的态度。塞拉菲莫瓦(Serafi-

---

① 刘海龙,束开荣.具身性与传播研究的身体观念:知觉现象学与认知科学的视角[J].兰州大学学报(社会科学版),2019(2):81.
② 泰格马克.生命3.0[M].汪婕舒,译.杭州:浙江教育出版社,2018:417.

mova)通过比较三种道德机器模型,发现"人类认知与道德推理并不必然保持一致性"[1],并对实现强人工智能和弱人工智能的可能性进行批判性分析。此外,虽有学者论证人工智能可具有意向性,但其生物层面的死亡驱力与社会层面的规范意识与人类的必然不同,这也是值得进一步探究的话题。

质言之,离身性与具身性并非二元对立的观念,"合理的兼顾式(both-and)认知必然将'既此又彼'(both-and)与非此即彼(either-or)的两个概念结合起来"[2]。离身与具身相互补充而非相互排斥,身体与心智在认识论层面的价值都值得重视,但需要看到,这两种认知进路都基于人类视角,人工智能(带有更为灵敏感官机能的机械体)与人类不同的身体会形成异于人类的刺激-反应逻辑和身体经验,而人类无法完全解释的无意识等范畴,也许是探寻两种进路本质关联的切入点。与此同时,人机交往的方式也将超越基于人类身体逻辑之上的具身传播或离身传播。

随着科技的发展,未来强人工智能的动物性也许会超越人类的理解,并且人类自身的机器性也极有可能得到不断增强,人与人工智能的界限日益模糊。如果人类的机器性比例超过动物性,交流的主体在时间维度脱离了生物死亡的局限,人类是否还倾向于基于身体感知的生物性对话、语言在传播模型中的比重还有多大、人类交往伦理在多大程度上适用于人机交往类型、跨文化传播的视角到时是否还适用等,这些都是需要不断探讨和思考的未来议题。

---

[1] SERAFIMOVA S. Whose morality? which rationality? challenging artificial intelligence as a remedy for the lack of moral enhancement[J]. Humanities & social sciences communications,2020(7):119-128.

[2] CLANCEY W J. Situated cognition: on human knowledge and computer representations [M]. London:Cambridge University Press,1997:235.

史料、方法与视域：新世纪以来
戏曲域外传播-接受研究的回顾和反思

◇ 程　芸　徐　汀*

摘　要　"跨文化"视角的引入，是新世纪以来戏曲域外传播-接受研究的突出特征。文献梳理表明，戏曲的跨文化传播研究在史料发掘、理论方法和眼界视域等方面，近二十余年来取得了重要的进展，但也表现出一些较明显的遗憾和不足。本文分析其得失短长，深入若干"病症"的机理，并提出今后如何努力的某些设想。

关键词　戏曲；域外；跨文化；传播；接受

---

* 程芸，武汉大学文学院教授、博士生导师，主要研究明清文学、中国戏曲史、域外汉学与汉籍；徐汀，武汉大学文学院中国古代文学专业2019级硕士研究生。

Historical Materials, Methods and Perspectives: The Retrospect and Reflection of the Study on the Overseas Dissemination-reception of Traditional Chinese Drama Since the 21st Century

Abstract The introduction of the "cross-cultural" perspective has been a prominent feature of the study of the overseas dissemination-reception of traditional Chinese drama since the 21st century. The literature review shows that the significant progress has been achieved during the past twenty more years relating to historical materials exploration, theory and methods, and research perspectives in the study of the cross-cultural dissemination of the traditional Chinese drama. However, it also presents some obvious shortcomings in this field. Through analyzing its progress and shortcomings, we probe deeply into some deficiencies and attempt to propose possible ways for the future study.

Keywords traditional Chinese drama, overseas, cross-cultural, dissemination, reception

一、问题之提出

中国传统戏剧(所谓"戏曲")的域外传播-接受并不是一个新颖的学术话题,学术史所积累的中外文献已较丰厚,然而,综观新世纪以来的研究,不能不说,这个领域的独特性、丰富性和复杂性正日益显现。一方面,学人爬梳文献,勾辑史料,呈现隐秘的历史状貌和细节,种种实绩,赫然在目;另一方面,借鉴相关学科的理论、方法和视域来展开更有深度的思考和建构,甚或回应某些前沿问题、重要问题,种种尝试,也令人惊喜。

新世纪以来的戏曲域外传播-接受研究,之所以成为值得重视的学术景观,究其原因,或可概括为两点。其一,是来自于学术共同体内部的动因。随着传播学特别是跨文化传播学在整个学术生产体系中重要性日益凸显,以交叉、融通为旨趣的致思方式,展现出强烈的吸引力。戏曲作为我国固有的传统艺术形式,既传承华夏文化的本土性基因,又以鲜明的包容性为特征。近代开埠通商以来,戏曲在域外的传播,相比于文本的域外传播,也更普遍、更深入。因此,研究者在扩充对象、史料范围的同时,更赋予了"域外"以"新方法""新视域"的意义。

其二,是政府、官方机构强有力的推动。新世纪以来,从中央到地方的各级政府或官方机构给予了戏曲业界很多实际的支持,被媒体追捧、被业界欣羡的现象背后,大抵都有行政力量这只"看得见的手"在发挥作用。"戏曲"被认为是中华民族最有代表性的一种精神生产形式,它在海外传播-接受的广度与深度,很大程度上成为衡量中国文化是否"走出去"的一个指标。政府的重视,也反馈于学术界、出版界,除了下文要胪列或分析的论文、著作,还有两个声势浩荡却未见收尾的"工程",颇堪玩味:2008年,中国人民大学启动"国剧海外传播工程",其中包括百部国剧英译工程、国剧口述历史编纂整理工程、《京剧·中国》有声普及读本、交响乐京剧海外巡演等系列子项目;2014年,外语教学与研究出版社启动"中国海外戏曲传播工程丛书"项目,第一批丛书把昆曲《西厢记》、越剧《梁山伯与祝英台》、京剧《秦香莲》等九个剧目翻译成了英语。而若干学术会议的议程设置,也能见出此类有意识的提倡,如北京外国语大学先后组织了"中国戏曲在亚洲的传播学术研讨会"(2017年)、"中国戏曲在北美的传播学术研讨会"(2019年)。

显然,戏曲域外传播-接受研究的活跃,自有其学术的逻辑和学理的依据,又得力于时代风气的鼓荡与推扬,成绩令人振奋,然而,我们在"活跃"的背后,也可以发现一些值得重视的问题,甚或深层次、系统性的"症结"。

二、进展与成就

新世纪以来有特点的研究成果难以枚举,若干领域或方向的进展较明显,以下择其要者,约略叙次、分析。

(一)古典戏曲日本传播-接受的研究进展最为迅速,文献"发现"更影响着相关研究的广度和深度

日本所藏戏曲典籍极为丰赡,且多孤本、善本,故为中国学者所重,然受条件限制,以往虽陆续有所透露,整体总貌却一直不清楚。新世纪以来,用力最勤、成就最丰的,是中山大学的黄仕忠教授。黄氏多次赴日,遍访藏书机构,推出《日藏中国戏曲文献综录》(广西师范大学出版社,2000)、《日本所藏中国戏曲文献研究》(高等教育出版社,2011),又主持出版《日本所藏稀见中国戏曲文献丛刊》(广西师范大学出版社,2006、2016)、《日本东京大学东洋文化研究所双红堂文库藏稀见中国钞本曲本汇刊》(广西师范大学出版社,2013)、《明清孤本稀见戏曲汇刊》(广西师范大学出版社,2014)、《日本关西大学长则规矩也文库藏稀见中国戏曲俗曲汇刊》(广西师范大学出版社,2019、2020)等,经其"涸泽而渔"式的发掘,以及细致的描述,日本所藏古典戏曲文献得以完整地呈现于学界。青年学者的努力,亦值得关注。黄仕忠的学生、现任教于广州大学的全婉澄进一步聚焦其中的若干文本,发表《论

环翠堂自刻本〈狮吼记〉》(《文化遗产》,2009年第2期)、《日本内阁文库所藏臧晋叔评改本〈昙花记〉考》(《文献》,2011年第1期)、《日本藏稀见明刊道情〈庄子叹骷髅〉考述》(《曲艺》,2013年第5期)等论文。

仝氏对近代日本学人中国戏曲研究的评述性分析,如《狩野直喜与中国戏曲研究》[《广州大学学报(社会科学版)》,2010年第5期]、《久保天随与中国戏曲研究》(《文化遗产》,2010年第4期)、《铃木虎雄与中国戏曲研究》[《信阳师范学院学报(哲学社会科学版)》,2014年第4期]、《辻听花和波多野乾一:日本的中国戏曲研究者》[《广州大学学报(社会科学版)》,2015年第6期]、《从森槐南到狩野直喜、盐谷温的中国戏曲研究》[《戏剧(中央戏剧学院学报)》,2015年第2期]、《幸田露伴和他的中国戏曲研究》(《戏曲艺术》,2016年第3期)、《日本人视野中的中国剧场及其研究》(《戏曲研究》,2017年第2期)、《日本大正年间的中国戏曲研究论略》(《戏剧艺术》,2017年第3期)等论文,以及《日本明治大正年间的中国戏曲研究》(凤凰出版社,2016)一书,则另辟蹊径,显示了"学术史"在这一领域内的独特价值。戏曲的域外传播-接受及其进入近代学人的视野,在一定程度上促成了东亚学术共同体的出现,其间所隐含的同与异,相互之间的影响或反哺,均值得进一步挖掘。

仝氏另有《日本明治时期〈桃花扇〉题咏诗辑考》(《戏曲与俗文学研究》,2018年第2期)、《论〈长生殿〉的三个日译本》(《戏剧艺术》,2020年第3期)、《日本的中国咏剧诗考论》(《戏曲研究》,2021年第4期)等论文,皆能关注前人未曾注目的材料;类似研究可以并举的,有王亚楠的《〈长生殿〉在日本的接受与研究》[《宁夏大学学报(人文社会科学版)》,2019年第3期]、《论〈桃花扇〉在日本的接受与研究》[《兰州文理学院学报(社会科学版)》,2019年第3期],李莉薇的《日本江户、明治间上演中京剧史料四则》(《戏曲与俗文学研究》,2016年第1期),夏心言的《日本江户时代中国戏曲图像的传播与影响》

(《戏曲与俗文学研究》,2019年第2期)、《清代戏曲在江户时代日本的演出及影响——以长崎唐馆为中心》(《戏曲研究》,2019年第4期)等。这些研究既对稀见史料有所发覆,也能为进一步思考戏曲在东亚文化圈内部的跨文化传播这一命题,提供更丰富的佐证。

中日古典戏剧之间的关联,曾是比较文学、比较戏剧学的重要内容,近二十年的研究重点,则由日本古典演剧形态(能乐)与中国戏曲之间可能的文化因缘,转向了历史上琉球与中国以朝贡为纽带的演剧关系。音乐史学者刘富琳的研究最为系统,且对若干问题的考察最深入,有《明清时期中国戏曲在琉球传播的三则史料》[《交响(西安音乐学院学报)》,2000年第4期]、《中国戏曲传入琉球及其意义》[《音乐研究》,2011年第1期]、《中国戏曲对琉球戏曲形成的影响——以"音乐"为例兼与日本能的比较》[《交响(西安音乐学院学报)》,2011年第3期]、《中国戏曲对琉球戏曲形成的影响——以"演故事"为例兼与日本能的比较》[《交响(西安音乐学院学报)》,2011年第4期]、《中国戏曲〈别妻〉在琉球的传播》[《中国音乐》,2020年第5期]、《中国戏曲〈和番〉在琉球的传播》[《中国音乐》,2011年第4期]、《中国戏曲〈寻亲记〉在琉球的传播》[《黄钟(武汉音乐学院学报)》,2015年第2期]等论文,辨析细致入微,证明力很强。相较而言,陈志勇的《琉球演剧与明清中国戏曲之东渐》(《文艺研究》,2014年第1期)、叶长海的《明清册封使记录的琉球演剧》(《文化遗产》,2014年第4期),在史料的运用、解读上,更具宏观性和理论的穿透力,既有对相关史料记载的融会贯通,更能触及明清时期的东亚文化认同这一极有历史深度的问题。

(二)古典戏曲朝鲜、越南传播-接受研究的文献、史料的挖掘及其意义阐释取得明显突破

朝鲜半岛与日本同属东亚文化圈,然而,戏曲在朝鲜半岛的传播-接受

境况如何,是否隐藏着别样的思想文化肌理,曾长期没有得到深入的探讨。从某种意义上讲,20 世纪 90 年代奎章阁本《伍伦全备记》的发现,是相关研究兴起的重要触媒。徐朔方的《奎章阁藏本〈伍伦全备记〉对中国戏曲史研究的启发》(《韩国研究·第一辑》,杭州大学出版社,1994)、吴秀卿(韩国)的《奎章阁藏本〈伍伦全备记〉初探》(《中华戏曲》,1997 年第 1 期)、孙崇涛的《关于奎章阁藏本〈伍伦全备记〉——致吴秀抑女士》(《戏曲研究》,1998),一方面推动了学界对这一明代戏曲名剧作者、版本流变和思想蕴含等传统文学艺术问题的考察;另一方面,也导引出一些关联领域的深入思考,如朝鲜王朝"伍伦"思想的宣扬与实践,"伍伦"主题的诗文、戏曲和小说创作的关系,前近代时期东亚汉语教材与汉文化共同体的建构,等等。相关研究有吴秀卿的《再谈〈伍伦全备记〉:从创作、改编到传播接受》(《文学遗产》,2017 年第 3 期)、《〈伍伦全备记〉朝鲜文献资料辑考》(《戏曲与俗文学研究》,2017 年第 2 期)和《中国戏曲在韩国的传播与接受》(《戏曲研究》,2019 年第 3 期),赵春宁的《错位与变异——朝鲜王朝〈伍伦全备记〉接受论》(《戏曲艺术》,2017 年第 4 期),赵山林的《论〈伍伦书〉与〈伍伦全备记〉》(《文学遗产》,2021 年第 1 期)等。

明清时期朝鲜文人出使、游历中国的纪行文献("燕行录")中戏曲史料的发掘与解读,是这个领域最引人注目的新进展。王政尧、赵山林、葛兆光、程芸等学者的研究各有特点:王政尧先生于 20 世纪 90 年代撰写了《略论〈燕行录〉与清代戏剧文化》(《中国社会科学院研究生院学报》,1997 年第 3 期),后又有《朝鲜〈燕行录〉著者爱戏辨析》(《朝鲜、韩国历史研究·第十五辑》,延边大学出版社,2013)等;赵山林则有《一位朝鲜学者眼中的中国戏曲——读〈热河日记〉》(《上海戏剧》,2004 年第 1 期)。随着中韩两国各种"燕行录"的影印、出版,关注这一话题的学者增多,其论域则愈加深入,呈现出跨学科的态势。如葛兆光有《"不意于胡京复见汉威仪"——清代道光年间朝鲜使者对北京演戏的观察与想象》[《北京大学学报（哲学社会科学版）》，2010年第1期]，该文通过燕行使者的记录来呈现清道光年间京城戏曲演出细节，分析了他们的异国想象和历史文化记忆，并进而追问三个问题："第一，应当如何重新估价清帝国的民族与文化政策？第二，如何评价清王朝在中国走向近代历史过程中的意义？第三，清代中叶北京市民、知识人、官员聚会与交往的场所，与欧洲近代所谓'公共领域'（public sphere）有什么不同？为什么会不同？"这种持续的深刻的追问，体现了史学家深邃的洞察力，也进一步表明，理解相关史料的价值与蕴涵需要跨学科的投入与跨文化的视域。2010年以来，程芸全面辑录"燕行录"和韩国古代汉籍中的戏曲史料，并发表《"燕行录"戏曲史料的学术价值初探》（《戏曲艺术》，2013年第2期），又有《汤显祖〈牡丹亭〉东传朝鲜王朝考述》（《文学遗产》，2016年第3期）、《孔尚任〈桃花扇〉东传朝鲜王朝考述》（《戏曲研究》，2017年第2期）、《龙继栋〈烈女记〉东传朝鲜王朝考述》（《文学遗产》，2019年第1期）等，程氏的一个努力方向即试图对明清时期的东亚文化认同问题提出自己的看法。

古典戏曲也曾流入同属于东亚汉文化圈的越南，且相比于日本、琉球和朝鲜的情况而言，古典戏曲在越南的传播与发展别具特点，新世纪以来也受到学界重视，值得关注的研究有：刘致中的《中国古代戏班进入越南考略》（《文学遗产》，2002年第4期）、刘玉珺的《越南表演艺术的汉文化渊源》（《东南亚纵横》，2004年第12期）、彭世团的《越南嘲剧嘥剧与中国宋元戏剧的关系》（《戏曲研究》，2007年第3期）、陈正宏的《越南燕行使者的清宫游历与戏曲观赏》（《故宫博物院院刊》，2012年第5期）、陈益源的《越南阮朝图书馆书目所载之中国小说、戏曲》（《燕赵学术》，2014年第1期）、陈丽琴的《越南传统戏剧衍生与传承的文化生态——基于中越族群交往》（《社会科学家》，

2015年第12期)、严艳的《清末佛山坊刻越南喃字小说戏曲考述》(《东南亚研究》,2016年第1期)、覃肖华的《广西民族民间戏剧在越南的传播及影响研究》(《吉林广播电视大学学报》,2019年第6期)、周楼胜的《越南传统戏剧的中国渊源》(《中国戏剧》,2019年第4期)、李欣的《戏剧发生学视阈下中国传统戏剧在越南的传播与影响——以越南傩、越南嘥剧为例》(《商丘职业技术学院学报》,2020年第4期)等。综观相关研究,这个领域基本的历史框架和重要史实已得到呈现,然就史料挖掘的普遍、深入和理论阐释的高度而言,还亟待更多学者的努力。

古典戏曲在日本、朝鲜和越南的传播-接受,既是文学作品或艺术形态的越境旅行,有的也进入到各种类乎教科书的汉语读本之中。相关研究,以林彬晖所做的最为集中,林氏出版《域外汉语教科书编选:中国古代小说戏曲作品研究(14世纪—20世纪初)》(湖南人民出版社,2010),后又有《〈践约传〉对〈西厢记〉的改编及其文化意义——兼论清末西人所编汉语教科书的价值》[《东南大学学报(哲学社会科学版)》,2011年第2期]、《14、15世纪朝鲜汉语教材与元明时期的戏曲小说——以〈老乞大〉〈朴通事〉〈训世评话〉为中心》(《阅江学刊》,2011年第4期)、《江户时代唐话读本教材的话本小说因素——以〈闹里闹〉〈养儿子〉〈唐话纂要〉为中心》[《湖南工程学院学报(社会科学版)》,2015年第4期]、《从中国戏曲到域外汉语口语教材——〈伍伦全备记〉的双重身份及价值》(《求索》,2017年第1期)等。汉字是古代东亚诸国形成复杂的历史文化认同的重要纽带,按照日本学者西嶋定生的说法,其广泛使用,正是所谓"东亚文化圈"赖以发生的主要标志之一,而近代东亚文化共同体的最终解体,很大程度上,也是以汉字通用地位衰微以至于被废除为表征的,东亚各国"国语"的形成史,从另一个角度看,也就是汉字文化圈的衰微和裂变史。因此,这个领域所隐含的历史文化意义,尚有进一步挖掘的空间。

(三)传统的热门领域如欧洲、北美地区戏曲传播-接受研究呈现出新动向

古典戏曲欧美传播-接受研究的早期成果,是以汉学史、汉学家为切入对象的,新世纪以来,相关研究则在广度和深度上继续推进。2009年,郭英德发表《北美地区中国古典戏曲研究博士学位论文述评(1998—2008)》(《文艺研究》,2009年第9期),指出"身份""文化""空间""宗教""互文本""跨文化"等关键词的普遍使用,体现出一种"更强调理性思辨的学术传统",其"理论价值要高于中国大陆与台湾的博士学位论文";稍后,他在《"中国趣味"与北美地区中国古典戏曲研究》(《戏剧艺术》,2010年第1期)一文中,又称北美学者的中国古典戏曲研究"尊重与珍视作为一种历史存在与现实存在的中国古典戏曲,力求揭示其自身蕴含的审美价值与文化价值",这种渗透着纯正芳香的"中国趣味","已经融入世界性的学术交流和文化交流之中"。踵武其后,并继续深入讨论的研究,有程芸、何博的《英语学界中国古典戏曲研究的新动向(2007—2011)》(《戏曲研究》,2012年第3期)。何博尤其专注于北美学界明清传奇研究的讨论,另有《北美明清传奇研究的文化细读模式》(武汉大学博士学位论文,2012)、《文化细读:北美学界明清传奇研究的新模式》(《戏曲研究》,2013年第2期)、《重读经典 聚焦"形塑"——文化诗学影响下的北美明清传奇研究》[《武汉理工大学学报(社会科学版)》,2014年第2期]等,其研究具体而深入,颇具特点。

欧美学界的中国古典戏曲研究作为海外汉学的重要一翼,其知识生产的方式、语境和理论旨趣、问题意识等,在孙歌、陈燕谷等所著《国外中国古典戏曲研究》(江苏教育出版社,2001)一书中得到了深入考察。其后,陆续出现了几部由青年学者撰述的著作,如《英语世界的中国传统戏剧研究与翻

译》(广东高等教育出版社,2011)、《英语世界的元杂剧研究》(中国社会科学出版社,2018)、《英语世界的南戏传播与研究》(学苑出版社,2019)等,值得关注,但总体而言,与孙著重理论分析而非史实介绍的汉学研究路径相比,学术旨趣表现出较明显的不同。优缺短长暂不论,却也提醒后来者,海外汉学在戏曲的跨文化传播中扮演了重要角色,对其理解和阐释一方面固然需要有全面、系统和具体的史料支撑,另一方面,也急需能够深入追问、连续追问的理论思辨能力和熟谙彼此学术径路的对话能力。

(四)域外演剧史的研究推陈出新,聚焦事件、剧种,关注国别、区域,皆有所突破

域外的戏曲演剧活动,尤其是欧美、日本等发达地区的引入,乃至引起所谓"轰动效应",一向是戏曲传播研究者关注的话题。梅兰芳访日、访美、访苏的研究,新世纪以来依然得到最多的重视,新史料的发掘和新的理论分析皆可谓推陈出新。代表性或关联性的研究,有邹元江的《中西戏剧审美陌生化思维研究》(人民出版社,2009)、袁英明的《东瀛品梅:民国时期梅兰芳访日公演叙论》(北京大学出版社,2013)等著作,以及傅谨的《东方艺术的身份确认——梅兰芳 1930 年访美的文化阐释》(《中国京剧》,2007 年第 10 期)、《"三大戏剧体系"的政治与文化隐喻》(《艺术百家》,2010 年第 1 期)等论文;而第五届京剧学国际学术研讨会的成果论文集《梅兰芳与京剧的传播——第五届京剧学国际学术研讨会论文集》(文化艺术出版社,2015),所收录的 103 篇论文大多与戏曲的域外传播有关。

京剧表演艺术家张火丁的北美演出、"青春版"《牡丹亭》在欧美的盛演,是新世纪以来戏曲域外演出的两个典型案例,也曾是学界注目的焦点,然而,青年学者移用传播学概念,乃至简单套用其分析框架的痕迹,也往往较

明显。种种偏憾、不足,固然与学术积累尚不丰厚有关,但这或许也说明,青年学人有必要与当下闹热的跨文化传播事件"拉开距离",并培植一种基于疏离感而凸显的冷静、深刻的分析能力。

东南亚地区的戏曲演剧活动研究,则以康海玲所做的最具代表性。她的研究,既能着力于具体的现象、事件和历史,也以明显的现实关怀为旨趣,能够回应"海上丝绸之路""一带一路"等宏大的时代话语。如《马来西亚华语戏曲研究》(厦门大学出版社,2007)探讨了潮剧、粤剧、琼剧等在马来西亚的流传和发展,从社会心理、文化认同等角度分析其中的仪式性内容;《海上丝绸之路上的戏曲传播》(文化艺术出版社,2018),进一步讨论了生长于异域土壤中的华人戏曲的社会及文化功能,思考了戏曲在域外的革新变化和本土化等问题。

地方戏的海外传播研究,主要针对粤剧、黄梅戏、越剧和川剧等几种较为知名的戏曲样式,这也显示了我国地方剧种海外影响力的不均衡。

(五)"跨文化"研究的理论建构和话语框架取得了突出进展,戏曲域外传播-接受的文本分析、内容分析和历史分析都更具明显的理论性

"跨文化戏剧"(intercultural theatre)一词,来自欧美的戏剧实践者和戏剧理论界,新世纪以来,也日益成为包括传统戏曲研究者在内的中国学者的探索领域。如南京大学于2010年5月举办"跨文化戏剧:东方与西方"国际学术研讨会,2018年10月北京语言大学又举办了"跨文化戏剧的理论与实践"研讨会,《戏剧艺术》杂志则设置了"跨文化戏剧"专栏;引起较多关注的代表性学者及相关著述有:陈世雄《三角对话:斯坦尼、布莱希特与中国戏剧》(厦门大学出版社,2003)、周云龙《越界的想象:跨文化戏剧研究》(厦门大学出版社,2010)、何成洲《全球化与跨文化戏剧》(南京大学出版社,

2012)等。

至于什么是"跨文化戏剧",其戏剧实践、理论探讨和个案研究之间的关系应该如何处理,学界有不同的认知和取向①,然而,一个明显的趋势是:"跨文化"+"戏曲"的表达方式,频繁地出现在各种论文和著作之中。以专著为例,据笔者粗略检索,除上文所列举的,还有孙玫的《中国戏曲跨文化研究》(中华书局,2006),林一、马宣的《中国戏曲的跨文化传播》(中国传媒大学出版社,2009),刘珺主编的《中国戏曲跨文化传播与人才培养战略研究》(文化艺术出版社,2016),江棘的《穿过"巨龙之眼":跨文化对话中的戏曲艺术(1919—1937)》(中国人民大学出版社,2016),凌来芳等的《中国戏曲跨文化传播及外宣翻译研究:以越剧为例》(浙江工商大学出版社,2020)等。或许可以这么说,"跨文化戏剧"虽然是舶来品,但经过戏曲研究者的"创造性转换",不再拘泥于原来的语境和逻辑,成为分析中国传统戏剧"走入世界"的一种有效的利器。

即便一些大体沿袭传统"中西(中外)戏剧比较"或"东亚传统戏剧研究"思路的研究,不管是平行研究,还是影响研究,也经常将论题延伸到"跨文化"的视域之中,如卢昂的《东西方戏剧的比较与融合——从舞台假定性的创造看民族戏剧的构建》(上海社会科学出版社,2000)、都文伟的《百老汇的中国题材和中国戏曲》(上海三联出版社,2002)、刘彦君的《东西方戏剧进程》(文化艺术出版社,2005)、廖奔的《东西方戏剧的对峙与解构》(上海辞书出版社,2007)、范希衡的《〈赵氏孤儿〉与〈中国孤儿〉》(上海古籍出版社,2010)等,由此,其理论性、思辨性得到了明显的提高或深化。这种话语方式

---

① 周云龙.跨文化戏剧研究:观念与方法[J].福建论坛(人文社会科学版),2009(4):33-38;周云龙.跨文化戏剧:概念所指与中国脉络[J].戏剧艺术,2019(1):99-111;周云龙.摹仿与跨文化戏剧研究:超越身份政治[J].文艺研究,2021(2):92-103.

的变化,或也与国内比较文学学科的"跨文化"转向相辅相成,更进一步地表明"跨文化"已经成为戏曲史研究者一种自觉的方法论。

另一个重要的话语分析框架,是"一带一路"倡议。"一带一路"倡议作为新时代的国家战略,在国际国内都广为关注,也对戏曲的域外传播-接受和相关学术研究产生了重要影响。已有的研究,除康海玲的之外,还有王廷信的《中国戏曲剧种在东南亚的传播——兼论戏曲剧种跨国传播的六大法则》(《艺术百家》,2019 年第 6 期)、郭玉琼的《"海丝"路上的福建戏曲传播与移民认同研究的背景及意义》(《福建广播电视大学学报》,2019 年第 3 期)、陶丹丹的《"一带一路"中国戏剧跨文化传播:问题与进路》[《绍兴文理学院学报(人文社会科学)》,2020 年第 1 期]等。这一类的研究虽还在尝试之中,有的或也明显地有"应时"的痕迹,但可以设想,这一分析框架和话语方式将吸引更多青年学者参与其中。

三、缺憾,以及可能的努力方向

如果说,20 世纪的戏曲域外传播-接受研究尚处于打桩奠基、各自努力的阶段,那么,新世纪以来,则形成了一些重要的热点话题、问题框架和分析方式。"跨文化"视角的引入尤其引人注目,一方面,推出本领域内的热点话题;另一方面,则回应另外一些跨学科的前沿话题,从史料发掘、视野方法到理论分析都表现出明显的自觉性。虽然戏曲的越境或跨国不能等同于"跨文化",戏曲在汉字文化圈的流播与其在欧美等非汉字文化圈的流播也不能等而视之,但显然,"跨文化传播"作为一种方法论,已经深刻地影响了戏曲和戏曲史的研究,既极大地扩展了史料、文献的范围,又进一步扩充或延伸了研究者的视域。

然而,综观新世纪以来的相关研究,我们认为,有待弥补的缺憾或可继续推进之处,依然值得重视,约略而言,主要体现于以下几个方面。

(一)区域研究的空间有待进一步扩展,已有的研究有待进一步深化

相对而言,学界更重视戏曲在欧美、日本等经济发达、文化强势地区的传播-接受,而较忽略一些发展中国家或欠发达国家、地区戏曲的流播情况,特别是在东南亚、西亚、南欧等"一带一路"地区的流播。即便有之,在细密、周全和深度方面,也有明显的不足,史料的挖掘、呈现非常不充分,不仅缺乏完整性,也缺乏与该区域学术界的互动与交流,某些区域的相关研究只有极个别学者在参与。这种自说自话的学术生产,既容易使人对文献、材料和史实的准确性、周全性产生怀疑,也可能会忽略或无视"跨文化"语境中"域外"作为他者,本身所具有的另一种反向的主体性,进而造成理解和阐释上的不准确。

(二)"厚今薄古"与"厚古薄今"的倾向都有待纠正

总体而言,学界更关注20世纪中叶以来的戏曲域外传播现象,对20世纪之前的情况缺乏系统梳理,尚有一些亟待填补的空白地带。19世纪中叶的开埠通商,使得中国被强行纳入西方资本主义所主导的"全球化"中,这一历史大变局固然是推动戏曲走向域外的基本动力,但不可忽视的是,在"全球化"这一历史转轴发生普遍作用之前,中国戏曲的海外传播也并不是稀罕的事情。相关史料记载虽或琐碎,但就总量而言,也颇可观,所隐寓的意义、价值,更亟待深入发掘。一个明显的例证是,包括"燕行录"在内的古代朝鲜王朝汉籍中所存中国戏曲史料,以往基本上没有得到关注,新世纪以来的相关研究也表明,这是一个有着丰富历史文化内涵的领域。

（三）"典型人物的典型事件"的研究有待深化，历史叙述方式较为单一

大体而言，更多的学者较关注大剧种（如京剧、昆曲）、知名艺术家、典型事件，而不太重视普通移民、非职业戏班、地方戏的海外传播。戏曲由于其自身文化品格上鲜明的"民族性"，以及表演形态、美学特征、音乐语言、符号体系等方面的"陌生性"，要超越国境、民族和文化的区隔而深入异域他乡，特别是深入"他者"的心理和情感世界的内部，确有一定的难度，这就使得知名艺术家域外演出这样的"典型人物的典型事件"，自然而然地成为戏曲跨文化传播研究中反复出现的焦点。如 20 世纪前半期，尤其是 20 世纪二三十年代，以梅兰芳为代表、以京剧为主要剧种的出国访问、演出，可以说是戏曲跨文化传播的高峰，梅兰芳的海外出访研究从来没有被忽略，并凝定为现代戏曲学术史中一条重要脉络。然而，当代史学的新进展早已告诉我们，历史存在着复杂而多样的面相，切入历史的途径和手段也是多种多样的。当日常生活史、微观史、情感史、物质文化史等日益成为"新史学"的重要内容时，戏曲域外传播中的"典型人物的典型事件"能否足以支撑起历史叙述的基本框架，就不能不成为一个疑问。从这个意义上讲，戏曲域外传播-接受或者跨文化传播的叙述框架、叙述方式，都亟待进一步地丰富。

（四）资料文献的建设方面短板较多，缺憾明显

如《中国戏曲志》虽然有一些戏曲域外传播的文献、材料和线索，但是很零散且没有经过整合，无法适应当今研究者的需求；又如，相关重要历史事件虽然受到学者的重视，但史料的搜集、整理并不全面（梅兰芳海外演出文献的整理，近年有明显突破），导致研究的低水平重复；海外演剧的记录性文献如广告、剧目清单、演剧图片、新闻报道、观剧心得、评论品鉴等的披露，非

常偶然、零散;国内的档案文献,很多尚没有公之于众,查阅不方便,研究难以深入(如1956年中国京剧代表团的访日,包括梅兰芳、姜妙香、李少春、袁世海等名角);数据库建设十分落后,甚至付诸阙如;当下发生的戏曲海外传播实践,学者参与度很低,缺乏密切追踪、主动记录的参与意识,过于依赖媒体的报道,等等。

(五)罗列、介绍和描述者更多,理论分析、文化分析的深入研究尚少见

总体来看,研究成果虽然很多,不胜枚举,然多是某个领域内的自说自话,没有出现具有范式意义的研究,能够成为其他学科相关研究重要借鉴或必备参考的成果较少,能够与域外学界形成对话或互动的成果更是少见。

显然,戏曲的域外传播-接受研究是一个巨大的论域,由于"跨文化"视角的引入,新世纪以来的研究成果可圈可点,但另一方面,某些既有的盲区依然在那里,某些明显的弊端不断地被沿袭甚至固化,某些有可能突破的方向并没有获得很大的进展,以至于在青年一代学人的研究中形成了明显的"路径依赖"和"文献瓶颈"。今后的戏曲跨文化研究如何进行,其可能的空间和未来的方向在哪里,仍是值得学界同仁深入检省的议题。笔者认为,学界在弥补以上不足的同时,或可于以下几个方面积极尝试,努力推进。兹建议如下:

其一,加强史料的收集、整理和各种数据库的建设。

研究者可以根据自己的学术兴趣、专长,有所选择,有所突破。本文作者之一程芸因若干年来关注"燕行录",较全面地辑录了古代朝鲜汉籍中的戏曲传播-接受史料,而据作者程芸所知,日本汉籍和准汉籍中的类似史料规模更为庞大,却尚未得到系统的发掘,而古代越南汉喃文献中的相关史料大抵还处于"秘藏"状态,更少为学人利用。又如,19世纪之前古代戏曲在欧

洲的流播史料一向为学者所重视,却并没有得到系统的整理和呈现,而是淹没在浩瀚的中西关系文献中;戏曲在东南亚地区等"一带一路""海上丝绸之路"重要区域的流播,或留下很多痕迹,也有待全面地勾辑、整理。史料类型方面,外文文献的整合尤为迫切;同时,建议加强对传统四部文献之外的一些史料的爬梳,如各种报纸杂志(如日本报刊所载的梅兰芳访日资料,香港、澳门、上海等地外文报刊的戏曲史料),近代西方人、日本人的中国旅行记,各种公私档案(如上海公共租界工部局档案)。鉴于相关史料较分散,建立更具专门性、针对性的数据库迫在眉睫。

其二,加强理论、方法层面的自觉的反思与对话,提炼本领域的概念体系和话语方式。

这一领域从事相关研究的国内学者,以前主要来自戏曲学和古代文学两个学科,新世纪以来,有着比较文学、现当代文学和传播学等学科背景的中青年学者明显增多。我们注意到,一些新锐学者在他们的著述中,已经能相当圆熟地运用源自西方的概念、话语和方法,避免了明显的生硬套用。由此,也不能不引发一些疑问:跨文化传播是以国别和民族为最基本的分析单位的,然而,国别或民族的不同,是否必然地意味着戏剧文化的区隔?国别的疆界或民族的不同,是否就是戏剧域外传播-接受中最需要突破的界限?"区域"是人类漫长而复杂的历史成长过程中的一个重要产物,因为分隔,而有了边界,然而,边界虽然存在却并不恒定,更不一定必然成为文化交流的障碍,身处边界两边的人群也并不必然地形成差异性。跨文化传播研究者单波教授深刻地指出:"文化"与"传播"本身就是同构的关系,他者是主体建构自我意义的必备要素,"我与他者的关系根本不是传播主体和传播客体的关系,而是同一传播活动中共生的两个主体,我们应该理解并接受差异性,在差异中理解自我的意义,在对话中建立互意性理解"①。因此,戏剧在不同"区域"之间的越界、流动,是否就是"跨文化",这对于不同的戏剧形态和社会群落而言,恐怕需要区别对待,因其或有不同的功能和意义。

以海外华人社会中的戏曲传播-接受现象为例,其跨国、跨区域的传播所引发的种种问题、种种现象,既有因接触作为"他者"的异质文化和人群而产生的,也有与作为"主体"的华人移民社群、移民社会自身的形成和生长密切相关的。康海玲和苗怀明的相关研究②已涉及这一论域,后续进一步展开的可能方向,一方面在于史料、文献的继续深入发掘;另一方面,恐怕也有必要提炼、总结更符合研究对象特质的概念或话语方式。

另一个可以进一步从理论和方法层面来检讨、深化的领域,是戏曲外译的研究。新世纪以来,海外汉学的研究进一步繁荣,以至于有"学科化"呼吁,相关动态也深入地反馈于戏曲域外传播-接受的研究。有学者将汉语学界戏曲跨文化研究的成果,分为三种类型:第一类是对海外汉学界的传统戏剧研究进行梳理。第二类,是以跨文化的视野,借鉴海外汉学的研究方法,对戏曲史研究、古典戏剧文学研究进行新的观照。以上两类,成果较多、较为丰硕。第三类,是针对"戏曲艺术的对外传播与交流活动"的专门研究,"起步较晚"③。这里,"起步较晚"云云,根据笔者前文的文献梳理,新世纪以来的相关研究其实有异军突起的态势,而某些海外学者的"历史文本的解读

---

① 单波.跨文化传播的基本理论命题[J].华中师范大学学报(人文社会科学版),2011(1):103-113.
② 淮茗(苗怀明).中国戏曲在海外华人社会的演出[J].寻根,2010(4):42-47;苗怀明.现代海外华人社会的形成与中国小说、戏曲的传播、接受[J].河南社会科学,2012(2):79-84,107-108.
③ 江棘.穿过"巨龙之眼":跨文化对话中的戏曲艺术(1919—1937)[M].北京:中国人民大学出版社,2016:7-8.

方法"和"对于话语中权力政治关系敏锐的理论思维"[1],尤其值得借鉴。这三种类型研究所能达至的广度和深度,相当程度上,都依赖于研究者收集外文资料、解读外文文献的能力。目前,也出现了一些专门围绕戏曲外译而展开的研究,如彭萍的《社会叙述理论与京剧英译和传播》(中译出版社,2019)、赵征军的《中国戏剧典籍译介研究:以〈牡丹亭〉的英译与传播为中心》(中国社会科学出版社,2015)、孟伟根的《中国戏剧外译史》(浙江大学出版社,2017),以及董新颖的《跨文化传播中戏曲英译的翻译原则》(《戏曲艺术》,2013年第2期)等。翻译研究这一视角的引入,彰显了外语背景研究者的学术特长,也将戏曲的域外传播-接受研究推向了精致与细密,同时也提醒我们:翻译学形成了很多理论、流派,戏曲的翻译有没有自己独特的传统或特点?有没有与翻译学的理论、流派形成对话的空间?能否提炼出独特的概念体系?

其三,丰富学术生产的多种展开方式和研究成果的多种表达形式。

可以预想,随着史料文献的挖掘和积累,中外交流的继续发展,以及学术自觉的日益彰显,戏曲跨文化传播的研究将吸引更多学术力量的参与,也会引起更多民众的关注,而论文、著作这样的传统成果形式,以及一本正经、坐而论道或闭门造车的传统学术生产方式,是否足以回应时代的需要,或许也是值得继续思考的问题。

---

[1] 江棘.穿过"巨龙之眼":跨文化对话中的戏曲艺术(1919—1937)[M].北京:中国人民大学出版社,2016:15.

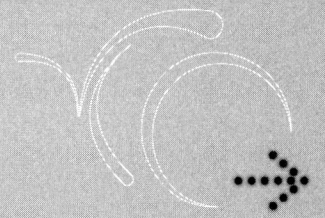

理论评析

罗伯特·E. 帕克的"边缘人"：
被忽视的社会经验研究范式

◈ 郑忠明*

摘　要　社会学家罗伯特·E. 帕克在20世纪20年代提出的"边缘人"思想，至今依然在社会学研究领域散发着光芒。本研究认为，帕克"边缘人"思想最重要的贡献是，将芝加哥学派"关系论"范式运用到社会经验研究领域，与后来几十年美国社会学主导的"实体论"范式下的社会经验研究形成鲜明对比，后来逐渐兴起的"关系社会学"显然进一步证明了"边缘人"思维范式的创新。然而，目前对帕克"边缘人"概念和思想加以修正的诸多理论研究，多遵循"实体论"范式，未能揭示出帕克"边缘人"思想所蕴含的"关系论"范式。本研究通过梳理芝加哥学派及帕克思想中"关系论"范式的相关线索，意图阐释帕克的"边缘人"思想如何能够构成社会经验

---

* 郑忠明，湖北大学新闻传播学院讲师。

研究的一种独特范式。

关键词 实体论;关系社会学;相互作用;交互作用;跨文化传播

Robert E. Park's "Marginal Man": A Paradigm of Sociology Empirical Research

Abstract The idea of "marginal man", put forward by sociologist Robert E. Park in 1928, still shines in sociology. This study believes that the most important contribution of Park's "marginal man" is the application of the Chicago school's "relational ontology" paradigm to the field of sociology empirical research, and the gradually emerging "relational sociology" in 1990s clearly further proves the innovation of the "marginal man". This research aims to explain how Park's "marginal man" can constitute a unique paradigm of sociology empirical research by combing through the relevant clues of the "relational ontology" paradigm in the Chicago school and Park's thought.

Keywords substantive theory, relational sociology, interaction, tansaction, intercultural communication

1928年,社会学家罗伯特·E. 帕克提出"边缘人"(marginal man)思想,这一思想至今依然启迪着社会学家。尽管后来的社会学界不断地挖掘这一思想的潜力,对之进行修正、更新与发展,却未有学者揭示出这一概念所处的"社会研究范式革命"的思想脉络。这一"社会研究范式革命"带来的全新方向,需要经历半个世纪才得以重新发现,那就是后来的"关系社会学"范式革命。

为什么说帕克的"边缘人"是最初的"关系社会学"范式革命在社会经验研究领域的萌芽？它如何区别于社会学经验研究的主流范式？本研究发现，这一思想史的篇章，不仅失落于后来的"边缘人"研究，也失落于后来的"社会学范式"争论中。帕克逝世后，帕克的老师约翰·杜威与亚瑟·F. 本特利合作，揭示出这一社会学研究范式革命背后的意义：它根植于从牛顿机械物理学到爱因斯坦相对论物理学范式变革的历史背景中，杜威和本特利将之概括为从"相互作用"(inter-action)到"交互作用"(trans-action)的范式变革。显然，迟至20世纪90年代，社会学领域开始兴起"关系社会学"(relation-sociology)范式，杜威和本特利的"先见之明"才得以被承认。正是在芝加哥学派这一范式变革的"重新发现"中，我们发现，帕克的"边缘人"提供了社会学范式变革的经验研究典范，将"关系社会学"范式运用到社会学经验研究领域。

一、范式革命："交互作用"的"关系论"范式

虽然托马斯·库恩一度厌倦了"范式"一词被滥用的结果，但他依然提出了两个标准，确定"范式"的使用范围：(1)空前地吸引一批坚定的拥护者，使他们脱离科学活动的其他竞争模式；(2)它们必须是开放性的，具有许多的问题，以留待重新组成的一批实践者去解决。库恩认为，凡是共有这两点特征的成就，此后便称之为"范式"。① 毫无疑问，物理学领域最瞩目的范式变革，也是库恩在《科学革命的结构》一书中关注的例证，就是牛顿物理学的机械论范式和爱因斯坦物理学的相对论范式。在库恩看来，一个成功的新

---

① 库恩. 科学革命的结构：第 4 版[M]. 金吾伦,胡新和,译.北京：北京大学出版社,2012：8.

范式,必须同时提供审视世界的新方式,并留下一些开放性问题供那些致力于这个范式的后来者回答。① 按照这种标准,社会学领域后来兴起的与"实体论"范式相对立的"关系论"范式,包括"关系社会学"诸潮流,皆符合库恩"范式革命"的标准。这种"范式革命"的讨论之所以在研究领域具有意义,恰恰是因为所有的科学学派都包含了形而上学范式,或者包含了范式的形而上学部分。学科实践者同样进行着哲学的自我反思,它不仅仅是哲学家的事情。② 这就要求研究者进入理论和经验研究背后的"形而上学",探究其思维范式的不同,从而指引社会研究领域的方向。

19世纪末20世纪初,哲学和社会科学研究领域悄然发生着思维范式的变革,这种变革有一个基本的共性,即在"实体论"思维的大本营中逐渐兴起关系论思维。早在卡尔·马克思、马克斯·韦伯和格奥尔格·齐美尔那里,"关系论"就出现了思想的萌芽,社会结构被看作社会行动者之间交互作用的结果。③ 如果将论述焦点集中于约翰·杜威所代表的芝加哥学派思维范式的变革,我们可以从齐美尔开始。刘易斯·科塞提到,齐美尔"没有将社会看作一个物或一个有机体。齐美尔也不接受那种认为社会不过是孤立的个体集合的唯名论观点。他采取了一种中间立场,认为社会是一系列互动,社会仅仅是由互动联结起来的众多个体的名称"④。齐美尔将社会的"形式"(form)从社会中分离出来,这种"形式"区别于具体现象,有着固定模式。齐美尔的思想通过芝加哥学派A. W. 斯莫尔、帕克等人的译介影响了美国早

---

① 瑞泽尔. 古典社会学理论[M]. 王建民,译. 北京:世界图书出版公司北京公司,2014:397.
② SHALIN D. Pragmatism and social interactionism[J]. American sociological review,1986(1):9.
③ 刘军,杨辉. 从"实体论"到"关系论":兼谈"关系研究"的认识论原则[J]. 北方论丛,2012(6):129-134.
④ 瑞泽尔. 古典社会学理论[M]. 王建民,译. 北京:世界图书出版公司北京公司,2014:263.

期学者,但这种"形式"在齐美尔之前也有着独立的思想渊源。齐美尔的学生帕克就曾提到,孟德斯鸠出版于1748年的《论法的精神》,将社会组织区别为形式(特殊的结构)和力量(驱动社会运动的人类激情)。[①] 齐美尔很好地把"形式"概念运用到社会学研究中。"形式"不可还原为元素,有其独特性质,乔治·赫伯特·米德曾在论述达尔文进化论思想成为一种普遍思想的影响时提到,"自然机械理论"试图把世界还原为最基本的元素,这就把最基本的元素(微观)和整个宇宙(宏观)视为研究的对象,中间万事万物的各种"形式"——诸如植物或动物的各种形态、我们感觉到的各种颜色和形状等——对于自然机械理论是没有意义的。米德指出,达尔文的《物种起源》,探讨的就是"形式起源"的问题,物种(species)在拉丁语中就是"形式"的意思,所以,达尔文关心的是各种物种"形式"如何产生?这些"形式"产生背后是否有一个普遍的同一的解释?[②]"形式"确立了其无法被还原为元素的独特性质,这些"形式"背后有一个统一的"过程",它就是进化论的物种选择机制。米德之所以详细论述达尔文思想的影响,就是为了说明社会世界中各种"形式"的独特性,以对抗社会"还原主义"的机械理论,这种机械理论影响了人们对社会世界的理解。"形式"的整体性和"过程"的动态发展性,是达尔文给予19世纪思想界的巨大财富。齐美尔利用"互动"概念将思维中的社会视为一个相互联系的整体,它是一个社会过程,而不是静止的社会结构;同时,齐美尔利用"形式"概念构想社会互动过程中产生的各种不同的社会关系,"形式"从互动过程中不断涌现,这种意象就好比是米德论述达尔文进化论思想时所提到的,物种形式从一个统一的进化过程中不断涌现。所

---

① PARK R E, BURGESS E W. Introduction to the science of sociology[M]. Chicago: The University of Chicago Press, 1921: 3.

② MEAD G H. The social psychology of George Herbert Mead[M]. Chicago: The University of Chicago Press, 1956: 5.

以,这一"形式"和"过程"(process)的思维,截然不同于牛顿等人确立的物理学机械理论的"物质"(matter)和"运动"(motion)的思维。如果我们循着达尔文进化论和齐美尔形式社会学对美国芝加哥学派的影响,就能清晰地发现,查尔斯·H.库利和帕克清晰提出的社会过程范式,就是早期关系社会学思想的萌芽和奠基,区别于当时的社会结构范式。

社会过程范式要求把社会视为一个持续变动的过程,而不是静止的结构。D. N. 沙林认为,"如果我们接受社会世界涌现(emergence)的普遍性,我们就必须承认,任何社会整体(系统、制度、结构)都有某种程度的不确定性(indeterminancy)。这就意味着,社会结构不是潜藏在各种场景背后不受时间影响的、不可改变并且塑造个体行为的存在(此处的社会结构在社会学意义上可对应牛顿体系中独立于粒子运动的以太),而是许多个体在各种具体情境中不断使其发生的事件(此处的社会结构在社会学意义上类似于粒子相互作用影响下的相对论时空结构)。也就是说,结构的确在给定情境中驱动着个体行为,但个体行为也将具体情境结构成确定的类型。结构只不过是一种可能性,一种'虚拟'现实,直到结构成为一个'事件',最终被启动了,例如,在个体此时此刻的实践情境遭遇中个体使结构成为发生的事件。认为结构在互动理论中是一个独立的变量,这种想法是错误的。从社会到个体,从情境到定义,都是同等重要的。自我定义情境,情境也定义自我"①。沙林同样是在"过程论"与"实体论"的对比中揭示社会互动论的思想模式。诺伯特·埃利亚斯进一步揭示了"实体论"与"关系论"的不同。埃利亚斯引用本杰明·李·沃尔夫在《语言、思想和实在》中的观点认为,欧洲语言一般把实体放在注意力的中心,这个实体事物处于静止状态,有其不变的性质,

---

① SHALIN D. Pragmatism and social interactionism[J]. American sociological review,1986(1):9.

然后,欧洲语言通过属性或动词,也就是说外在于实体的某种东西,给这个实体添加变化和行动。这种语言影响了欧洲人的思维方式。"实体论"的思维长期主导了欧洲传统思想。社会学采纳了这种"实体论"思维,进行研究时就会采用"过程还原主义"。这种"过程还原主义"有其哲学传统,认为凡是变化的必定是短暂的、不重要的、没有意义的,简而言之是没有价值的。当我们说河流在流动时,我们必须想象出一个静止的河流预先作为实体存在于那里。①

从齐美尔所影响的芝加哥学派的"过程论"中,我们能够发现芝加哥学派试图突破身心二元论的努力,我们同样能够发现芝加哥学派从孔德和斯宾塞那里继承而来的"社会有机体论",而"社会有机体论"同样意图突破身心二元论。当然,个体如果被视为有机体,但却是彼此分离的实体,那么这些个体如何才能构成社会呢?尽管后来的社会学家试图重新连接个体和社会,但有机体与环境的实体区分就这样被确立了。这些"实体论"的思想关注分离的人,然而这些人如何嵌入社会中依然晦暗不明,最终,社会就不加区别地被视为"背景"、"社会环境"或"环境"。② 米德论述19世纪法国哲学时,曾经谈到孔德的"社会有机体论",个体与社会相互依赖是孔德提出的重要观点:社会的有机特征塑造了个体的性质,个体是由社会这个有机体决定的。实际上,有机体作为一种隐喻,本身就指向了一种相互联系的"交互作用"(transaction)。人类并不是被视为作用于环境的彼此分离的实体,也不被视为受环境影响的有机体,环境和有机体都被视为整个事件的部分或面向。"交互作用被视为一个过程,这个过程中要素或部分被视为整体情境的

---

① ELIAS N. What is sociology? [M]. New York:Columbia University Press,1978:112.
② ELIAS N. What is sociology? [M]. New York:Columbia University Press,1978:129.

面向或阶段。"①正是在这种社会的思维范式基础上,芝加哥学派对之进一步改造并发展出"交互作用"范式。怀特海就明确指出,一个机体的观念便包括机体交互作用的概念。②

"互动论"、"过程论"和"有机体论",在杜威的思想中都得到了充分的吸收和整合,杜威试图突破身心二元论,同时也试图突破以身心二元论为核心的"实体论"。杜威的实用主义思想在早期和晚期都沿着确立全新范式的轨迹发展。杜威说:"如果把行为和行动放在研究的中心,那么身心二元论的传统困难就土崩瓦解了。身体和心灵的分离有其根源,原因就在于它们被视为实体或过程而非行动的功能和性质。当我们选择运作中的人类行动和生命立场,身体就作为机械表现自身,是行为的工具,心灵是机械的一种功能,是其结果和成果。"③"互动论"、"过程论"和"有机体论"最终在杜威思想中发展为"交互作用论"(transaction theory),而杜威之所以与本特利合作提出"交互作用论",源于本特利和杜威各自在早期思想中都独立酝酿出了"交互作用"的思想,我们可以在杜威的《心理学中的反射弧概念》(1896)和本特利的《治理的过程》(1920)中发现其早期萌芽。

杜威和本特利在1932年到1951年有着频繁的通信,接近2000封信件中呈现了两位学者如何通力合作构建起一种全新的理论范式。有学者研究这些信件后发现,"交互作用论"只不过是两位学者持续交流思想的结果,两

---

① ROSENBLATT L M. Viewpoints:transaction versus interaction:a terminological rescue operation[J]. Research in the teaching of English,1985,19(1):96-107.
② 怀特海.科学与近代世界[M].何钦,译. 北京:商务印书馆,1959:118.
③ DEWEY J. Body and mind[J]. Bulletin of the New York academy of medicine,1928,4(1):3.

个人之间的通信就是一种典型的"交互作用"。① 本特利之所以发展出与杜威不谋而合的"交互作用论",源于本特利的思想构成,他最初受到德国狄尔泰、齐美尔的影响,后来又受到杜威的影响。本特利在1892年的本科毕业论文《通过一个内布拉斯加小镇的经济史看西部农民的状况》中,进行了第一次社会科学探究,体现出他日后标志性的既非视角主义也非改良主义的倾向:将社会世界视为各种变动力量的交汇。对于本特利来说,最重要的是齐美尔的社会学讲座以及关于群体理论的课程。回到霍普金斯之后,本特利撰写了博士学位论文《社会科学中的各种研究单元》。在这篇论文中,他反驳了机械的或因果性的解释方式(这一看法将是他和杜威共同持有的)……②

杜威和本特利的"交互作用论"作为一种"关系论"思维范式,究竟如何区别于在各个学科占主导地位的"实体论"思维范式?

杜威和本特利在他们合作的《认知与所知》(1949)中详细阐述了"交互作用"范式如何区别于"自作用"(self-action)和"相互作用"(inter-action)。杜威和本特利认为,人类早年,世界和它的现象被普遍地"拟人化和人格化",这就是"自作用"的思维范式;后来,世界和它的现象被普遍地"实体化",如物理学的"力"和"实体",由此发展出实体之间"相互作用"的思维范式。"交互作用"一词正是麦克斯韦对"相互作用"的物理学范式提出挑战时使用的术语,杜威和本特利认为,麦克斯韦"交互作用"一词的使用方式与他们使用该词的意义非常接近。麦克斯韦在电磁领域的贡献改变了物理学机

---

① PRONKO N H, HERMAN D T. From Dewey's reflex arc concept to transactionalism and beyond[J]. Behaviorism, 1982, 10(2):229-254.
② 拉文. 导言[M]//杜威. 杜威全集·晚期著作(1925—1953):第十六卷(1949—1952). 汪洪章,等译. 上海:华东师范大学出版社,2015:5.

械理论体系的描述方式。杜威和本特利认为,自作用,是"事物被看作以自身的力量来行动";相互作用,是"事物与事物在因果连接中取得平衡";交互作用,是"描述和命名的系统被用来应对行动的不同方面和阶段,不会最终诉诸'元素'或其他假设性的可分离的独立'实体'、'本质'或'实在',不会把假设性的可分离的'关系'从可分离的'元素'中孤立出来"①。杜威和本特利认为,哪怕是最早的"自作用"思维也依然存留至今,"自作用"中的实体,被认为有着自己的驱动力,同时和"相互作用"中的粒子相混合,被用来无限制地提供各种解释:自我被看成彼此之间相互作用或与环境客体相互作用;在传统的感觉理论中,一部分有机体被看作与环境客体相互作用;认识论把各自领域中的心灵和物质带入虚假的相互作用形式中;最坏的情况是,词语的含义与词语在人的行为中的实际表现相隔离,就好像词语—领域与词语—身体相隔离一样。② 在现代,有大量重要术语都是从"自作用"思维中产生的,譬如"实质""实体""本质""现实""行动者""创造者""原因"等。自伽利略在物理学领域推翻了"自作用"思维范式,运动不再被认为依赖于亚里士多德所谓的来自一个"行动者"的自主持续推动,如果没有其他运动物体的干涉,曾在运动中的有质量的物体会继续保持在直线中的运动。如此,物体的运动就变成了彼此之间力的相互作用,这种"相互作用"的思维同时启示了哲学家托马斯·霍布斯,并成为霍布斯假设的社会中人与人相互作用(一切人反对一切人)的理论基础。尽管伽利略和牛顿的现代物理学体系获得了巨大成就,但也付出了巨大代价。空间和时间被看作是绝对的、固定的、形式的框架,在其中,相互作用的力量得以前行。换句话说,这忽视了过程

---

① 杜威.杜威全集·晚期著作(1925—1953):第十六卷(1949—1952)[M].汪洪章,等译.上海:华东师范大学出版社,2015:86.
② 杜威.杜威全集·晚期著作(1925—1953):第十六卷(1949—1952)[M].汪洪章,等译.上海:华东师范大学出版社,2015:88.

本身,没有探究粒子的不可改变性。爱因斯坦则将不变的空间和时间带入探究之中,使空间和时间作为不变的框架成为可探究的"事件"之一。

譬如,科学探究中最稳定的对象"事实",在"相互作用"思维范式中,其相互作用的成分在探究中被建构为彼此分离的事实,每一个事实都独立于其他事实而存在。而在"交互作用"思维范式中,如果离开了对完整主题其他成分的详述,任何成分都不能被充分地规定为事实。"相互作用"范式中,先有一个个的可观察的不变的"实体",后有这些实体之间可探究的"关系","关系"是后来附加在相互作用的"实体"之上的,"关系"消失,"实体"的性质依然不变。

二、帕克的"边缘人":社会经验研究中"关系论"的萌芽

"边缘人"思想之所以至今持续产生影响,不仅仅是因为它通过此概念捕捉到了一种重要的社会现象,更重要的是,它蕴含着一种根本性的思维范式,这种思维范式契合了社会的特点,作为个体的人,其人格在社会关系中构成。也就是说,它指向了社会研究的基本命题。如果仅仅把"边缘人"视为一种社会现象的概念化,那么,当这种社会现象所依赖的各种条件发生变化后,它的思想潜力就会因为社会情境的变化而逐渐减损,如果不能揭示出这一概念背后重要的思维范式根基,这一概念迟早也会失落于研究者视野。当我们回顾"边缘人"思想史,我们发现,帕克之后的"边缘人"研究,无意识地依附于某种"相互作用"的思维范式,从而某种程度上使得"边缘人"研究依然是"实体论"的"相互作用"思维,而非"关系论"的"交互作用"思维。

(一)对"边缘人"后续研究的批评

在帕克之后,"边缘人"后续研究实际上构成了一个庞大的思想库,使

"边缘人"思想生根发芽,如果采纳 C. A. 戈德堡(C. A. Goldberg)的概括,帕克之后的"边缘人"研究可以分为三类:修正(revision)、扩展(extension)和复兴(revival)。"边缘人"的修正,主要是对帕克边缘人概念的批判性理论修正,这一修正区分了"边缘人格"和产生边缘人格的"边缘情境",并澄清了两者的性质及关系;戈德堡是最早对此作出区分的学者;"边缘人"的扩展,主要是从种族和民族关系扩展到职业行业等领域,以帕克的学生埃弗里特·休斯为代表,后来,性别关系、科学创新都被纳入"边缘人"思想审视的领域,不再局限于种族关系。"边缘人"的复兴,主要是重新回到帕克"边缘人"思想产生时的种族和民族关系、文化接触和迁徙等主题。[1] "边缘人"的扩展和复兴,都只是涉及"边缘人"思想应用的社会现象领域,它并非本研究批评的重点,本研究主要针对"边缘人"后续研究中学者的概念和理论修正所遵循的"实体论""相互作用"思维展开批评。

"实体论"范式往往坚持一种"过程还原主义"研究思路,体现在"边缘人"研究中,学者不自觉地对"边缘人格"和"边缘情境"加以区分,这样的区分就是将现代文明过程还原为"个体"和"情境"两个彼此分离的实体,然后寻找其中的关系。戈德堡提出"边缘文化"的概念,使之作为"边缘人格"产生的情境。他认为,如果一个个体从出生起就身处两个文化的边缘,如果他同初级群体的许多个体一起共享存在和成长过程,如果个体早期成长、成熟至成人阶段都参与了其他个体表现出的制度化行为,如果其边缘位置并没有导致其渴望或期待受到太大阻碍,那么,他就不是帕克所定义的"边缘人",而是边缘文化的参与者,与非边缘文化中的非边缘人并无不同。[2] 戈德

---

[1] GOLDBERG C A. Robert Park's marginal man: the career of a concept in American sociology[J]. Laboratorium Russian review of social research, 2012, 4(2):19.

[2] GOLDBERG C A. Qualification of the marginal man theory[J]. American sociological review, 1941, 6(1):52-58.

堡的这一区分影响深远,但他显然将"边缘情境"实体化了,使之区分出不同的元素组合情况,同时又将个体作为被动的受到情境塑造的客体。个体在这些可以区分的不同"边缘情境"中被塑造成可以区分的不同人格,而"边缘人"只是个体被放置于其中某一种情境中塑造出的结果。如此实体化后的"边缘情境",反而使之对个体具有了决定性影响,暴露出"边缘人"同其他人格类型一样是受社会决定的产物。作者明确表示"边缘文化"的提出主要是基于文化功能分析视角,而文化为个体提供规范和标准化的行为类型,文化成为个体行为的装置,个体成为文化的木偶,由此完全忽视了"边缘人"是个体与情境"交互作用"的产物。也就是说,按照"关系论"范式下的"交互作用"思维,"边缘文化"这一"边缘情境"并不是作为"实体"外在于个体,而是当其与个体承载的既往文化经验相互冲突并产生持续稳定的冲突关系时,我们才能在个体和情境的这种稳定关系中找到"边缘文化"存在的可能。"边缘文化"既不单独存在于个体"头脑"中,也不单独存在于个体之外的那个"情境"中,它存在于个体与情境的"关系"中,甚至可以说,如果有所谓的"边缘情境",那么这一情境的一部分存在于个体历史经验中,一部分存在于个体之外的环境中。

如果将"边缘情境"与"边缘人格"实体化并且试图找到对应关系,试图探究何种情境会将个体塑造成所谓的"边缘人",那么,"边缘人"概念和思想就会被学者认为只能适用于严格限定的情况,并且这个概念只是对特定狭小的经验现象的一种概括而已,他们进而就会认为"边缘人"概念的泛化并不能带来什么成果,只会由此从经验社会学进入到毫无意义的猜测中。[①] 这种误解的根源就在于"边缘情境"与"边缘人格"的实体化区分,继而将"边缘

---

① GOLOVENSKY D I. The marginal man concept: an analysis and critique[J]. Social forces,1952,30(1):333-339.

人"这一现代文明进程的独特过程缩小为一种社会现象的概括。这种思维进一步影响了后来的学者,诸如克拉克就认为,帕克和斯通奎斯特忽视了一点:作为一个"边缘人",他是处于一种"边缘情境"中,还是具有边缘人格特征,或者两者应该同时兼有?① 当克拉克认为可以脱离个体谈"边缘情境"或者脱离情境谈"边缘人格"时,就预设了一种"边缘情境"在塑造着作为"白板"的个体,或者一个个体带着一种"边缘人格"进入到一种情境中。这种"实体论"思维下的"边缘人"研究最终又进一步使得克拉克尝试区分"边缘人"的心理学要素和社会学要素,而此种学科边界的分离,既是一种还原主义思维,同时又割裂了"边缘人格"所具有的社会心理学意涵,它本身就需要心理与社会的"交互作用"。或许,如此实体化发展的后果,最终自然就发展为 R. D. 赖特(R. D. Wright)和 S. N. 赖特(S. N. Wright)两位学者的错误尝试,"边缘人"现象最终被两位学者区分为五种概念:边缘性(marginality)、边缘人(marginal man)、文化边缘性(cultural marginality)、社会边缘性(social marginality)、心理边缘性(psychological marginality)。② 甚至连最初进行实体化区分的戈德堡都认为,两位学者发展出的这五种概念未能得到后来研究者的响应。

其实,就"范式"对研究思维的根本性决定作用而言,一旦将"边缘人"现象实体化,并预设个体与情境作为彼此分离的实体,在某种关系中相互作用,毫无疑问,都会破坏帕克"边缘人"作为一种"关系论"思维范式的潜力。或许,"实体论"的"相互作用"模式,也依然会探究某种关系,但这种关系往往产生于"实体"之后,它与作为"交互作用"思维的"关系论"是两种完全不

---

① DICKIE-CLARK H F. The marginal situation: a contribution to marginality theory[J]. Social forces,1966,44(3):363-370.
② WRIGHT R D, WRIGHT S N. A plea for a further refinement of the marginal man theory[J]. Phylon,1972,33(4):361-368.

同的关系思维,"相互作用"思维中的"关系"是附加于"实体"之间的,而"交互作用"思维中的"关系"则形成科学研究的对象及其性质。"边缘人格"中包含了"边缘情境","边缘情境"中也必然包含了"边缘人格",任何对两者进行实体化区分的尝试都将遮蔽两者彼此相互构成的社会过程。

(二)"交互作用论"下帕克"边缘人"思想的再阐释

帕克在《人类迁徙和边缘人》一文开头就明确否定了"自作用"和"相互作用"的解释范式。帕克说,大社会的研究者从长时段历史视角研究人类,常常倾向于用单一的主导原因和情境对种族和人类彼此之间已经存在的不同文化寻求一种解释。一派研究者认为,是气候和物质环境不同导致了文化不同;另一派研究者认为,是种族遗传特质不同导致了文化不同。这两派都将文明和社会视为进化过程的结果——凭借这一过程人类获得可遗传的特质,而不是凭借这一过程人与人之间确立了新的关系。① 用进化过程中种族获得的"可遗传的特质"解释文化区别,是一种典型的"实体论"思维,进化过程使得该种族产生了某种实体化的"特质",这一"特质"作为该种族文化发生变化的"原动力",使其同其他种族文化区别开来。这一解释的思维范式,是一种典型的"自作用"思维范式,这些"自作用"的种族,因为拥有各自内在的神秘的不同种族力量,从而发展出不同的文化方向。帕克显然不同意这种"实体论"思维的"自作用"解释,他认为,是不同种族文化中个体之间组成的不同类型的社会关系重塑了种族的个体自我和人格。那么,是什么力量推动了特定的现代文明社会过程,并且在这一过程中重构了社会关系继而重塑了个体自我和人格呢?"人类历史上决定性的力量是那些让人们

---

① PARK R E. Human migration and the marginal man [J]. The American journal of sociology, 1928(6):881-893.

走到一起富有成效地竞争、冲突和协作的力量。"[①]帕克认为,这种力量就是"迁徙"(immigration)。如果沿着"迁徙"这一社会过程看去,我们可以看到迁徙中的"个体"并不是不变的"实体"在空间中移动,而是个体在空间中移动的同时彼此重新构建了一种"现代社会关系",在这种新的关系中个体自我和人格也孕育而生。同样,我们也可以看到,迁徙这一社会过程中的"社会"不是不变的"实体",而是随着个体在空间中的变化发生着"结构"的变化。用帕克的话来说,通过迁徙这一社会过程,个体自我世界获得了新的经验,变成了"边缘人",也通过迁徙这一社会过程,社会不再是静止的传统和习俗,而是变成了现代文明。在迁徙这一过程中,个体和社会都在发生剧变。

帕克的学生,社会学家路易斯·沃思真正抓住了"边缘人"的思想潜力。沃思在1947年美国社会学协会主席发言中指出:"当代社会,相比过去而言流动性更大,多样化的种族和文化群体接触更频繁。我们所有人都在移动,在形成之中,我们所有人通过超越我们所在的更小社会的文化边界而在某种程度上成为'边缘人'。"[②]显然,"边缘人"不只是一种独特的文化现象和人格现象,而且还是现代社会进程的研究标本。人通过流动性脱离传统的社会关系纽带,新的"自我"在重新建立;社会通过流动性而重建了新的社会关系纽带,社会在重组。"边缘人"指代的是整个现代文明的进程机制及其后果,它因此必然预示着一种研究现代文明社会的思维范式。帕克试图通过"边缘人"洞察现代文明过程的秘密。如果将帕克的社会过程四阶段模式——竞争、冲突、适应和同化——与帕克"边缘人"的自我冲突、"边缘人"

[①] PARK R E. Human migration and the marginal man[J]. The American journal of sociology,1928(6):881-893.

[②] GOLDBERG C A. Robert Park's marginal man: the career of a concept in American sociology[J]. Laboratorium Russian review of social research,2012,4(2):19.

的现代理性思维等思想放置在一起,"边缘人"在帕克社会思想体系中的核心位置就十分明显了。

帕克认为,研究迁徙这一社会现象,不能仅仅研究其总体后果,譬如习俗和文化中表现出来的客观变化,还应该在迁徙这一社会现象所制造出来的表现为变化的人格类型这一主观面向加以研究。① 正如研究水,我们知道其实体的构成部分——氢原子和氧原子,但是我们通过研究水这一客观实体却无法了解水得以形成的过程机制,这一过程机制,在自然科学家看来,是可以通过将实体分解为更小的实体并寻找实体之间的关系来了解,可以通过重复实验重演这一过程的机制,但在社会科学家那里,却需要去活生生的人的心灵世界中探寻社会过程的机制,而心灵同样不能被视为一种实体,而是一个"自我-非自我"的辩证过程,这就是米德曾经着重详述的心灵、自我与社会的关系。

如果将帕克的"边缘人"放置于这种"关系论"范式中,我们就能从好几个方面揭示出它作为"交互作用论"思想的根基如何不同于"相互作用论":

首先,"边缘人"的思想,产生于社会过程论,区别于社会结构论;

其次,"边缘人"的思想,产生于自我作为一种社会过程的命题,区别于自我作为一种心灵实体的命题;

再次,"边缘人"的思想,产生于个体在社会空间中的迁徙和流动如何重构个体自我和社会的过程,区别于社会结构与自我的相互作用过程;

最后,"边缘人"的思想,涉及跨文化传播的命题,而帕克以及芝加哥学派的传播观念最典型地体现了"交互作用论"思想。

---

① PARK R E. Human migration and the marginal man[J]. The American journal of sociology,1928(6):881-893.

1."边缘人"与帕克的社会过程思想

相比"社会结构"研究,帕克更偏向于"社会过程"研究。社会结构是静止的实体,而社会过程则是动态的变化。这种"社会过程论"不仅仅存在于帕克的思想中,也同时为芝加哥学派所共享。帕克是在考察现代文明过程中提出"边缘人"思想的。帕克认为:"社会过程可以被视为群体生命中那些所有变化的名称。一个群体当它拥有一段历史时我们或许可以说它拥有一种生命。在社会过程中,我们可以区分出(a)历史过程;(b)文化过程;(c)政治过程;(d)经济过程。""社会和构成社会的人都是社会过程的产物。""所有社会生活的问题因此也是个体的问题;所有个体的问题同时也是群体的问题。"[1]所以,对社会的研究,不能脱离个体研究社会,也不能脱离社会研究个体。帕克不是为了研究一类独特的"边缘人"现象,而是为了在"边缘人"中透视"文明的过程"(the process of civilization)。1928年,帕克在《人类迁徙和边缘人》一文中详细阐释了其截然不同的思想脉络。帕克说,在"边缘人"的心灵中,现代文明的过程以可见的方式发生,最方便研究。[2]

帕克此意就在于说明,现代文明的过程,并不仅仅发生于个体之外不可见的抽象社会结构这一客观世界之中,它同时也发生于主观世界中。为什么不从个体之外的环境中寻找现代文明的答案,而是要去更不可捉摸的主观世界寻找答案呢?问题恰恰在于,帕克的"边缘人"是社会和个体"交互作用"的独特面向,现代文明的过程如果只存在于那些外在于个体的社会环境中,那么,这个文明的过程就必然缺少了个人内心世界的主观面向,你不可能把社会作为一个外在于个体的独立"实体"加以研究而去理解社会,你不

---

[1] PARK R E. Sociology and the social sciences[J]. American journal of sociology, 1921, 26(4):401-424.

[2] PARK R E. Human migration and the marginal man[J]. The American journal of sociology,1928(6):881-893.

可能不了解个人主观世界而能够了解社会过程——现代文明过程。"边缘人"的人格之所以形成,恰恰就在于这个人的过去、现在处于彼此"交互作用"构成的整体中。它就是过去与现在的冲突,这种冲突,在社会结构研究中,显然只能看到"现在"的维度,而在个体主观世界中,"过去"和"现在"的冲突过程却可以清晰地呈现。这就意味着,帕克在提出"边缘人"思想时,特别强调社会研究的一种全新的独特范式——在"边缘人"的心灵世界中探寻现代社会的过程。也就是说,如果从"相互作用论"思维范式出发,仅仅把社会作为对个体施加力量的实体,就无法发现现代文明运作的过程,因为现代文明运作过程不能单独外在于个体而存在,而是与个体自我世界交互作用而存在,将个体拿掉,或者将个体自我世界实体化,这个交互作用的过程就无法被揭示。如果按照"相互作用论","边缘人",就意味着一个环境的性质与一个人的性质各自作为不变的实体彼此产生力的相互作用,继而,或者人将自己的力量施加于环境,使环境被人的意志改变,或者环境将自己的力量施加于人,使人的意志被动地适应环境。这种"相互作用论"造成了行动和社会结构的区分。"边缘人",不是一个环境作用于被动的个体,而是这个个体与环境的交互作用产生的结果,个体过去的历史、个体现在所处的环境产生了冲突,由此构成了一个"边缘人"主观世界发生的"现代文明过程",它既造成了文化冲突的社会环境(从社会的角度来看),也造成了边缘人格(从个体的角度而言)。

因为"边缘人"并不是独立于社会过程的实体,"边缘人"本身反而通过其"自我"折射出社会过程,研究"边缘人"的"自我世界"恰恰就是在研究社会过程。

2."边缘人"与帕克的"自我"思想

既然"自我"折射出一种社会过程,那么,这样的"自我"就不是亚里士多德所说的"自作用"的实体,也不是牛顿机械物理学中彼此"相互作用"的实体,"自我"本身就是一个"交互作用"的过程。

当帕克坚持一种"社会过程"的思维范式时,他必须将"人类主观意识"这一进化链条上独特的现象纳入物理学机械论的"相互作用"范式中,若要个体摆脱物理学机械论"相互作用"机制,个体的"主观意识世界"就需要不同于机械论的另一种解释,正是在这一关键之处,芝加哥学派的詹姆斯、库利、米德提供的人类"自我"的思想,为帕克的"自我作为一种社会过程"的研究提供了思想基础。"自我"不是一个静止的"实体",而是一个"过程",用米德化用黑格尔辩证法的说法就是,自我-非-自我(self-not-self)的辩证运动。在这个过程中,个体独特的历史经验与社会独特的过程"交互作用","主我"与"客我"也是"交互作用","客我"参与到"主我"的形成中,"主我"也参与到"客我"的形成中,彼此皆非不变的"实体",也不是"相互作用"的不同"实体",而是在"交互作用"的过程中产生并且被区分开来的。也就是说,"主我"和"客我"并不是原因,而是结果。所以,个体并不是一个拥有不变"自我"的实体,而是随着个体历史经验的变化不断变化着的"自我",社会恰恰通过"自我"进入到个体的生命历程中,社会现实经由"自我"对"情境"的定义才具有现实实在性,但这种情境定义随着情境的变化也在不断变化。从这一思路可知,这是一种典型的"交互作用"论,无论是"个体"还是"社会",都不预先设定为不变的"实体",个体和社会只不过是一体两面,个体和社会的关系是互构的;而在"相互作用"范式中,个体和社会是分离的实体,个体和社会的关系则是在"实体"之间附加上去的。当个体身处多样化的社会情境(或作为多样化的社会群体成员)时,个体就会拥有很多"自我",这些"自我"中有些会产生冲突,而社会情境中的冲突或群体的冲突同样会清晰地体现在作为一种社会过程的"自我"世界之中。

帕克在给其学生埃弗里特·斯通奎斯特的《边缘人:人格和文化冲突研究》一书撰写导言时就进一步明确,"边缘人的自我就是一种社会冲突过程"①。"边缘人"经历的就是个体的不安,因为身处不同群体的个体拥有不同的"自我",从而对他人多样化的期待产生困惑迷茫,因为"边缘人"是同时身处两个冲突的地位群体和文化群体中的成员。

　　由此观之,只有将"自我"视为一个过程,只有将社会过程放置于"自我"的过程中,"边缘人"思想才能出现。处于某个群体或文化圈子"边缘"的人,未必会成为"边缘人",因为这些个体虽然无法融入群体,却可以保持自己独特的个性,长期游走于边缘而自得其乐,那么他就不会处于"文化冲突"的社会过程中,它的"自我"就不会出现"冲突"。"边缘人"的自我人格之所以形成,源于"边缘人"所处的社会环境产生了剧烈的"冲突",这种"冲突"可能是可见的群体冲突,也可能是不可见的文化冲突。所以,如果不能把"社会过程"在逻辑上纳入"自我","边缘人"思想就根本不会诞生。按照"自作用"和"相互作用论",作为拥有预先设定好的稳定属性的"实体"个体(譬如自私和理性动机的经济人),他就算身处于冲突的社会关系中,其"自我"依然会选择有利于自己的社会条件行动,不会产生詹姆斯所说的"分裂的自我"(the divided self),而"边缘人"却是一种自我分裂的状态,也就是说,社会的冲突必须参与到"自我"形成之中,此"边缘人"的人格才会诞生。由此可见,"边缘人"思想产生的根基就是"交互作用论"的范式,就是"关系论"范式。齐美尔的"陌生人"虽然为帕克贡献了重要的思想启示,但"陌生人"是在身体上的"近"与心灵上的"远"的矛盾中产生的,"陌生人"未必会经历"自我"世界中剧烈的分裂与冲突,尽管"陌生人"是"边缘人"得以产生的某种先决条件,

---

① PARK R E. Introduction[M]//STONEQUIST E V. The marginal man:a study in personality and culture conflict.New York:Russell&Russell,1961:xviii.

尽管帕克在谈到"边缘人"的"超然、中立和理性人的态度"时将其等同于"陌生人"的理性能力,但只是表明"陌生人"与"边缘人"有相似之处,而不是完全等同。

3."边缘人"与帕克的空间、位置、地位和角色思想

那么,如何在经验观察意义上捕捉"自我"的变化?"可见的"空间概念成为帕克进行经验研究的基础概念。齐美尔在空间的变化中发现"陌生人","陌生人"是在空间上的"近"与心理上的"远"这种社会关系中形成的。齐美尔此处的空间包括"身体所处的空间"和"心灵所处的空间"之间的冲突和错位,齐美尔通过身体与心灵的分裂发现"陌生人"人格。那么,帕克的"边缘人"体现了怎样的空间冲突?帕克的"边缘人"更多地指向宏观的社会过程中空间的变化,它由社会过程中的两种力量——迁徙和流动——推动个体空间的位置变化,迁徙是个体身体上的空间移动,但是,迁徙未必会导致"边缘人"人格,因为许多迁徙的个体未必会改变其习俗和传统。帕克明言,在现代文明过程中,譬如城市中,迁徙看似减少了,但流动性增加了,这种流动性可能是市场交易推动的空间上的变化,也可能是现代传播工具推动的精神上的变化。个体在空间中的位置(place)的变化是一方面,更重要的是个体在群体中地位(status)的变化,这种地位的变化会影响个体的人格和自我,而帕克最终通过"角色"(role)概念将个体地位和个体自我之间建立了可加以经验研究的关系。"迁徙不等于移动,人的移动没有带来文化生活的剧变,只不过是一个地理事实,而迁徙则带来居住地的变化、家庭纽带的断裂、传统习俗的破碎,是一个社会事实。"① 故而,迁徙和流动导致了双重面向——社会结构的变化和个体人格的变化,个体和社会在迁徙和流动的过

---

① PARK R E. Human migration and the marginal man[J]. The American journal of sociology,1928(6):881-893.

程中彼此"交互作用"。帕克在论及犹太人作为现代文明人诞生的过程时说,迁徙和流动这一过程有着双重面向:社会世俗化和人的个体化,在这一过程中,个体不只是得以解放,而且获得启蒙。如果依据"实体论"思维,个体是不变的实体,那么从社会关系纽带中释放出来的个体就会变成"原子化的个体",个体只不过失去了一种社会关系,个体本性依然不变,显然,这种思维,是着重"关系论"的帕克所无法接受的,因为个体在这一现代文明过程中会重构其人格,而不会变成原子化的游离的个体。所以,我们在帕克的《城市》(The City)中会发现很多种新的人格在形成,这些人格都是在不同的社会关系中产生的。帕克认为,从传统纽带中解放的个体必然在某种意义上和某种程度上成为一个具有国际视野的人,学会观察他出生的那个世界并且具有"陌生人"不偏不倚的特性。简而言之,他获得了一种唯智主义的倾向。齐美尔描述的"陌生人"在社群中的位置及其人格,就是依据运动和迁徙。① 这种唯智主义的人格,在帕克那里,就是迁徙和流动这一社会过程所塑造的个体人格。理性,因为被帕克及其所在的芝加哥学派视为心灵的一种有效率的适应功能,故而,当心灵随着社会过程发生变化时,心灵会走出封闭,进入不断适应新情境的过程,此间,理性得以产生。帕克在《城市》一书中特别强调,理性是城市的产物,城市人截然不同于原始人的心灵,因为城市由"陌生人"构成,同时也由"边缘人"构成。

4."边缘人"与帕克的"传播作为交互作用"的思想

沿着"交互作用"的"关系论"范式,我们可以进一步发现,"边缘人"作为一种"文化冲突"的产物,从根本上折射出"不同文化之间交流"的命题,同时,也折射出"边缘人"作为跨文化传播重要命题的思维方向。

---

① PARK R E. Human migration and the marginal man[J]. The American journal of sociology,1928(6):881-893.

杜威给"传播"赋予的意义已经为芝加哥学派共享的传播观念确定了某种根基,如杜威被引用的经典名句:社会不只是通过传播而存在,社会就存在于传播中。杜威提出的凭借传播构成社会的思想,也是帕克传播思想的根基,在这一点上,芝加哥学派的"交互作用论"重新定义了传播,这一新定义截然不同于"相互作用论"对传播的理解。如帕克所言,传播,不只是一件商品从一个人传递给另一个人,传播,是两个具有自我的个体彼此假定对方的态度并且调整各自的行为。① 传播的个体不是作为实体而存在,然后把作为实体的信息传递给彼此,传播的个体彼此是"交互"关系,个体 A 参与到个体 B 的自我形成过程中,个体 B 也参与到个体 A 的自我形成过程中,个体 A 和个体 B 在传播的过程中各自形成新的自我,因此,个体 A 和个体 B 在传播的过程中因此彼此"交互作用"而发生变化,也就是说,个体 A 和个体 B 都不是不变的实体,而是在交互作用关系中不断变化的人。由此,传播过程同时也塑造着个体的人格。正是这种"交互作用"的传播思想,使得一旦处于跨文化传播过程中的个体面对着不同的互相冲突的"他者",这些冲突的"他者"就会导致个体自我的冲突,一旦这种冲突持久存在,帕克认为,就会使这些个体成为"边缘人"。帕克坦言,各种冲突在我们的生活中时刻存在,大多数情况下都会进入适应阶段,继而找到自己在群体中合适的地位和角色,但是,在"边缘人"那里,这种冲突却是相对持久的。这种持久性的交流冲突,最终会塑造一种稳定的人格类型——"边缘人"。而现代文明过程只要继续进行下去,就必然出现跨文化传播的命题,而当不同文化中的个体相遇,文化冲突就是不可避免的,只不过,在帕克那里,这种冲突可能会通向更加多样化的自我形成过程,由此使自我能够把不同文化中的"他者"纳入其形成

---

① PARK R E. Reflections on communication and culture [J]. American journal of sociology, 1938, 44(2): 187-205.

过程。在这一过程中,跨文化传播的主体彼此"交互作用",实际上同时改变着这些不同文化中的主体自我,当然,也会产生新的稳定的人格类型——跨文化传播过程中的"边缘人"。①

结语

如果回顾后来的"边缘人"研究,我们能发现诸多不足,但需要着重指出的是两个面向的"边缘人"研究。

其一,将"边缘人"与边缘情境区分开来的做法,实际上依然是用"相互作用论"的"实体论"范式理解帕克的"边缘人"思想。"边缘人"与边缘情境是不可分离的关系体。如果按照"相互作用"的"实体论"思维,单独研究边缘情境这一对个体施加力量的"实体",或者单独研究"边缘人"这一具有固定边缘人格的"实体",就都割裂了个体与社会的关系纽带,依然是有机体和环境、个体和社会、行动与结构的"实体论"二分法,因为只有在帕克所说的现代文明剧变过程及文化冲突中,边缘情境和"边缘人"才同时得以构成。后来的研究也表明,"边缘人"和边缘情境并不是完全对应的关系。②

其二,将"边缘人"局限于种族文化研究,实际上是误解了"边缘人"思想在帕克思想中的地位。"边缘人"代表"现代社会文明过程"的经验研究样本,"边缘人"思想不是指向种族或移民问题,而是指向更广阔的传统到现代、乡村到城市转变的社会过程中所发生的"最为清晰且可见"的形态。也就是说,只有通过"边缘人"的研究,这一现代社会文明过程才能被研究者看

---

① 单波,刘欣雅. 边缘人经验与跨文化传播研究[J]. 新闻与传播研究,2014(6):61-77.
② 高国菲,吕乐平."边缘人"再出发:理论重构及其与传播学的对话[J]. 国际新闻界,2021(2):17.

得最清楚,帕克甚至用"显微镜"一词表达这种研究在经验观察层面的丰富和细腻。所以,将"边缘人"研究局限于种族问题研究就消解了"边缘人"作为一种宏观社会过程研究的经验意义,"边缘人"背后体现的是历史变迁的宏大命题,而不只是对具体经验现象的概括,将"边缘人"思想放置于帕克整个思想脉络中才能赋予其价值。帕克的学生斯通奎斯特在其《边缘人:人格和文化冲突研究》一书中显然更能明白帕克的用意,"边缘人"不只是存在于移民过程中,而且还存在于现代社会进程的其他面向中,包括教育、婚姻等。[1] 而帕克的另一位学生埃弗里特·休斯将帕克的"边缘人"应用到职业中的边缘人格,同样也指向现代社会进程中的自我、人格、角色与社会地位冲突的关系。

20世纪末,"关系社会学"范式异军突起,有学者认为,社会理论中的关系思想至少可以追溯到黑格尔,后来的卡尔·马克思、格奥尔治·齐美尔、恩斯特·卡西尔、诺伯特·埃利亚斯、皮埃尔·布尔迪厄、米歇尔·福柯、塞拉·本哈比、布鲁诺·拉图尔等人都为此贡献了思想。但是,将关系社会学作为一种有意识的理论目标,肇始于美国社会学家穆斯塔法·埃米尔拜尔(Mustafa Emirbayer)开创性的文章《关系社会学宣言》(*Manifesto for a Relational Sociology*)。[2]

这一范式实际上与芝加哥学派"社会过程论""交互作用论"的思想范式遥相呼应,此种情况下,"边缘人"思想究竟应该做何种理解,不能不在社会

---

[1] STONEQUIST E V. The marginal man: a study in personality and culture conflict[M]. New York: Russell & Russell Inc., 1961: 213.

[2] EMIRBAYER M. A manifesto for a relational sociology[J]. American journal of sociology, 1997, 103(2): 281-317; POWELL C, DEPELTEAU F. Introcluction[M]//DEPELTEAU F, POWELL C, eds. Conceptualizing relational sociology: ontological and theoretical issues. New York: Palgrave Macmillan: 2013: 1-2.

学的范式对立中进行一番考察,因为它关系到"边缘人"思想是否依然富有活力,是否与社会学范式变革存在某种可以解释的关联。

"边缘人"思想未来究竟如何沿着"关系论"范式重新注入新的思想活力,或者说,建构更完整的"边缘人"理论,依然有待后来的研究者深入开拓,本研究将"边缘人"置于"关系论"范式中澄清其包含的意义,目的是不让"边缘人"研究囿于"实体论"思维,或许,这也是重新建构"边缘人"思想的一个开始。同时,也需要承认,作为社会经验研究范式变革的"边缘人"思想要想体现出其思想潜力,许多需要继续澄清的问题有待后来者提出和解决。

跨文化路径

正念:跨文化传播的亚洲路径

◇〔斯里兰卡〕苏加斯·马欣达·塞纳拉特、〔斯里兰卡〕卡林迦·维拉特纳/著 叶琼/译 张春雨/校*

摘　要　世界范围内的大众传播教育多以西方为中心,但是,一些理论和概念在解释亚洲、非洲、拉丁美洲的社会、文化和哲学背景时会存在差异。不少亚洲学者常不加批判地引用西方的传播学理论,包括跨文化传播理论和概念,去分析自身的传播体系如何与之匹配。从亚洲哲学传统如印度教、佛教以及儒学中发展具有亚洲主体性的传播学理论的时机已到。本文基于亚洲哲学传统,特别是印度教和佛教的思想,提出正念传播学(mindful communication),试图在亚洲创建新的跨文化传播路径。正念跨

---

* 苏加斯·马欣达·塞纳拉特(Sugath Mahinda Senarath),斯里兰卡科伦坡大学斯里帕利校区大众传媒系高级讲师;卡林迦·维拉特纳(Kalinga Seneviratne),新加坡亚洲媒体信息与传播中心(AMIC)前研究主管;叶琼,武汉大学新闻与传播学院博士生;张春雨,上海外国语大学新闻传播学院讲师,武汉大学媒体发展研究中心助理研究员。

文化传播旨在平衡东西方的理论与概念,而非全然去西方化。

关键词 正念传播;跨文化传播;亚洲路径

Mindfulness: An Asian Pathway of Intercultural Communication

Abstract Mass communication education around the world mainly western centric. However, sometimes these theories and concepts create disparities with Asian, African and Latin American social, cultural and philosophical backgrounds. Most Asian scholars highly uncritically adapt the western centric communication theories, including intercultural communication theories and concepts to analyze how their communication systems fit to it. Time has arrived for Asian communication theories based on Asian philosophies including Hinduism, Buddhism and Confucianism. This paper examines how mindful communication that is rooted Asian philosophies, including Hindu-Buddhist to develop new intercultural communication pathways in Asia. Mindful intercultural communication is not geared for de-westernizing of communication theories and concepts but also balancing of East and West theories and concepts.

Keywords mindful communication, intercultural communication, Asian pathway

媒体已经成为每个人生活中不可或缺的一部分。我们对媒介技术的飞速发展从未持有任何怀疑。得益于这种发展，通讯传播设备在世界范围内广泛应用。即便是这样，我们对媒体内容感到满意吗？我们能否接受西方化的全球媒体对亚洲和世界其他地区的支配？

西方声称其"创建"了包括传播学在内的社会科学。[1]大多数当代新闻传播学理论的创立起源于19世纪到20世纪中叶的欧洲，后来这些理论得到进一步发展，并在美国发扬光大。这些理论都带着自身缘起的文化情境以及时空环境的印记。正如麦奎尔观察到的，这些理论具有与资本主义和现代性相关的基督教偏见（Christian bias）。[2]

麦奎尔提出，要揭露西方媒体的欧洲中心主义偏见，传播学研究者需要提出一系列的子问题。例如，追溯西方媒体偏见的来源、表达方式和水平，以及解决方案。"不可忽视的事实是，大多数媒介理论是由'西方'学者基于其所生活的国家以及其对本国的媒体的观察提出的，不可避免会受到他们自己熟悉的社会文化背景及其特有的价值观的影响。"[3]

世界范围内的大众传播教育主要建立在西方理论和哲学背景之上。有时，这些理论和概念与亚非国家的社会文化和哲学基础相异。大多数亚洲学者不加批判地采用西方的传播学理论来分析他们的传播系统是否符合西方的模式。以后殖民传播理论为例，它在西方主要是由出生在殖民地国家的学者，如阿尔君·阿帕杜莱（Arjun Appadurai），发展起来的。罗宾逊认为，根据阿帕杜莱的说法，"全球传播和新技术削弱了北方国家的意识形态

---

[1] GUNARATNE S. Globalizing communication/journalism, ending fragmentation within philosophy, and analyzing history as life-spans in samsara [J]. The international communication gazette, 2015(5): 411-438.

[2] MCQUAIL D. Some reflections on western bias of media theory [J]. Asian journal of communication, 2000(2):1-12.

[3] MCQUAIL, 6.

原有的凝聚力和一致性(coherence),将其转变成新的元素并重新组合。当地对意义的接受会随着对各种概念的粗略翻译与当地文化元素的共鸣,以及在不同情况下听、看和读的平衡方式的不同而有所差异"①。因此,亚洲学者经常采用西方的理论去分析其如何与当地文化元素产生共鸣。随后他们采用各种传播扩散的理论(diffusion theories)分析后殖民的亚洲国家如何通过将其本土的文化元素与西方的文化元素融合来接受西方文化。然而,如果本土文化对外来文化产生抵制呢?比如,马来西亚和印度尼西亚的伊斯兰回教音乐(nasyid music)和马来流行音乐(dangdut music)就明确反对美国音乐电视节目(MTV)对其社会的渗透。② 或者,你如何解释亚洲的瑜伽和正念(mindfulness)在西方文化中的渗透与接受?我们可以使用后殖民传播理论来分析这些传播和文化流动现象,还是说,我们可以提出具有亚洲视角的替代理论来解释这些跨文化传播现象的发生?

对此,本文提出植根于亚洲印度教和佛教的正念传播也许可以成为亚洲发展新的跨文化传播的路径,尤其是在新闻学与发展传播领域。

跨文化传播与西方偏见

跨文化传播是跨越不同文化背景的传播研究和实践。它同样适用于国家内部基于民族和性别等的文化差异,以及与国籍或世界区域相关的国际差异。跨文化传播是处理这些群体成员之间关系的一种方法,其重点是承

---

① ROBINSON A. An A-Z of theory Arjun Appadurai[EB/OL]. (2011-04-22) [2021-07-11]. https://ceasefiremagazine.co.uk/in-theory-appadurai/.
② SENEVIRATNE K. Countering MTV in Indonesia and Malaysia[M]. Singapore: ISEAS Publications, 2012.

认和尊重文化差异。①

文化在跨文化传播中发挥着重要作用,如果我们如麦奎尔指出的那样,对传播和文化的叙述纯粹基于西方的文化背景,就会使我们在研究国际传播领域时对其他文化的认可和尊重出现问题。

正如贝内特(Bennett)所言,传播是"意义的相互创造",信息传输被解释为"以某种方式获得意义"。② 这个过程是一个文化的过程。其中,文化可以被描述为"关于一群人如何在他们之间协调意义和行动的概括"③。我们是通过这些文化过程来理解世界的,而这些过程会受宗教信仰、政治思想、经济和社会规范以及家庭和社会结构的影响。

受文化观点影响的跨文化传播如何产生有缺陷的信息?关于国际新闻流动的研究提供了大量例子。例如英美媒体将中国向发展中国家提供的贷款描述为"债务陷阱"(debt traps),而西方过去40年向相同国家提供的类似贷款则被称为"援助"(aid)。这样的情况也出现在对恐怖主义的报道上。任何有穆斯林背景的人参与暴力行为都被描述为"伊斯兰恐怖分子",但是,如果做出这种行为的是基督徒呢? 2011年,挪威人安德烈斯·伯威克(Andres Berwick)杀害了77名多元文化主义者。2019年,澳大利亚人布兰顿·塔兰特(Brendon Tarrant)在奥克兰杀害了51名穆斯林。然而,他们没有被称作"基督教恐怖分子"(Christian Terrorist),因其都声称这样做是为了拯救他们的基督教文明。

---

①②③ BENNETT M J. Intercultural communication[EB/OL].[2021-07-11]. https://www.idrinstitute.org/resources/intercultural-communication/.

需要反思课程和国际标准

亚洲大学教授的大众传播学课程通常基于以西方为中心的传播概念,重点关注个人权利、言论和发表不同意见的自由,即所谓的"第四等级"原则。然而在亚洲地区的政治和社会话语中更强调保护和促进社区和社会的和谐,媒体从业者如果关注个人权利多于社区和谐,有时会产生不必要的冲突,而这些冲突可以通过更敏感和更谨慎的传播策略来规避,与此同时也可以促进个人在公共空间和社区空间的言论自由。①

"人权"和"民主"已成为当今国际传播话语中颇具争议的概念。这些在新闻实践中被滥用的词语使得人权和民主成为支持新一轮西方帝国主义浪潮的新信条。美国发起的战争(例如伊拉克、叙利亚和阿富汗战争)被英美媒体描述为"人道主义事业"(humanitarian endeavours),由位于布鲁塞尔的国际危机组织(International Crisis Group)制定的保护责任(Responsibility to Protect,R2P)②原则则被用于将美国的军事行为合法化。米歇尔·乔苏

---

① SENEVIRATNE K,SINTHUPHAN J,PHOKAEW S. Mindful communication for a re-emerging Asia: building a new Asian journalism curriculum[C].World Journalism Education Conference. Auckland, New Zealand,2016.

② 保护责任(R2P)原则是于2005年世界首脑峰会由联合国成员国元首通过的原则。这一概念的出现是为了应对国际社会之前未能充分应对的20世纪90年代发生在卢旺达和前南斯拉夫的大屠杀的情况。保护原则建立在三个同等地位的基础之上:
・基础1:每个国家保护其人民的责任;
・基础2:国际社会协助各国保护其人民的责任;
・基础3:当一国明显未能保护其人民时,国际社会的保护责任。
最后一个基础在2011年被用来推翻利比亚的穆罕默德·卡扎菲,这引起了争议。

多夫斯基(Michel Chossudovsky)认为,世界正处于危险的十字路口,因为将这些人道主义干预行动报道成"不作为的谎言"(lies of omission)的正是那些倡导人权和民主的媒体。"当战争被认为是促成和平时,就无须再为其辩解了。一旦谎言成为真相,就没有退路可言。它会疯狂盛行。"①

因此,全球媒体对世界事件的忽略或操纵给全球跨文化交流造成了威胁,而这些媒体往往受到西方文化规范和思维方式的影响,报道时常带着刻板印象。西方因此为全球报道设定了"谈话要点"(talking points)。但是,西方的思维方式无法用来理解为什么斯里兰卡和缅甸的佛教徒认为福音派基督徒和瓦拜穆斯林正在渗透他们的国家并带来威胁。保护责任的文化思维模式认为,大多数社区理应受到他们自己政府的保护,但现实往往并非如此。政府忽视了保护其宝贵的佛教遗产免受此类渗透。保护责任的第二个基础谈到国际社会协助各国保护其国民,但这里主要指的是保护个人免受政府压迫。然而发展中国家的大多数冲突本质上都是社会经济问题。经济体系的全球化在一定程度上剥夺了发展中国家向社区提供其所需要的住房、教育、医疗服务和其他社会福利的经济手段。"国际社会援助国家"(International Communities Assisting States)的保护责任不包括解除西方跨国公司持有的基本药物专利,也不包括解除发展中国家的债务负担或制定对其更有利的"自由"贸易协定。如无法理解西方国家与发展中国家的社会经济和历史的差距,我们将无法顺利进行跨文化交流。

---

① SENEVIRATNE K. Myth of free media and fake news in the post-truth era[M]. New Delhi, India: Sage, 2020:127.

亚洲情境下的跨文化交流

有些学者认为,亚洲的文化如此多元,很难发展亚洲自己的传播理论。但是,我们可以想想,欧洲也是多元的,这并没有阻碍"西方"传播理论的发展。在下文中,我们将讨论东方哲学中共有的正念传播的思想,试图提供另一种具有普遍性的跨文化传播理论。

我们想首先分析高等教育体系中存在的阻碍以亚洲为中心的理论发展的因素。如维拉特纳、辛图潘和福凯指出:

> 亚洲传播研究人员习惯于向西方研究人员和机构寻求指导和认可,这是一大主要的障碍。改变这些学者的思维模式并不意味着完全拒绝西方理论,而是要对自己所处的社会文化背景有透彻的理解以及批判性地将这些理论应用于本国的研究。先有透彻的理解,再批判性地审视这些理论。在全球化时代,期刊和大众传播项目的排名系统普遍偏向北美,这并没有给学者提供挑战西方"规范"的自由,也没鼓励他们这么做。他们能否晋升和被认可取决于是否在所谓的"一流"期刊上发表了论文,是否适应了西方规范。如果亚洲学者想要做去西方化的传播理论研究,他们也不得不挑战这种排名体系,并着手建立自己的排名体系。[1]

---

[1] SENEVIRATNE K, SINTHUPHAN J, PHOKAEW S. Mindful communication for a re-emerging Asia: building a new Asian journalism curriculum[C]. World Journalism Education Conference. Auckland, New Zealand, 2016.

如何建构"亚洲"的理论？正如维马尔·迪萨纳亚克（Wimal Dissanayaka）所言：

> 如果亚洲学者想提出带有他们自己文化烙印的传播模式，从而更好地、更清楚地解释人类交流的复杂性，那么这就是其摆脱机械的亚里士多德模式的影响的必要条件。他们需要更好地利用亚洲人文科学累积的智慧，建构可以反映人民文化精神的理论和传播模式，只有这样，形成的理论才更具针对性和启发性。①

亚洲人文科学深受印度教、佛教、儒家和道家等哲学教义和思想的影响，然而我们还没有将亚洲的新闻与大众传播教学与这些哲学思想充分联系起来。乔吉特·王和文森特·沈指出，尽管越来越多的亚洲传播学者和学术期刊都致力于研究亚洲传播现象，但提出具有亚洲主体性的传播学理论仍任重道远。② 维马尔·迪萨纳亚克1998年所著的《亚洲传播理论》聚焦于亚洲哲学思想和传播传统，为研究人员提供了一个很好的参照指南。但是目前来说，实证研究和理论建设仍然很匮乏。

乔吉特和文森特认为：

> 直到今天，几乎没有什么传播学理论可以贴上"亚洲"的标签。这是一个很严峻的问题。因为理论在社会科学研究中具有特定的

---

① DISSANAYAKA W. Communication theory: the Asian perspective[M]. Singapore: AMIC, 1988:6.
② WANG G, SHEN V. East, West, communication and theory: searching for the meaning of searching for Asian communication theory[J]. Asian journal of communication, 2000(2):13-52.

作用。它们不仅展示了研究者的原创思考,还决定了研究的方向和结构。每次"西方"理论被证明不足以解释亚洲的变化时,一些学者就会建议用亚洲的价值观和传统来促进理论的发展。亚洲学术界都面临着"亚洲"传播理论在哪里的问题。无法对这个问题给出令人满意的答复就意味着这是"未完成的任务"。可以说,亚洲研究者对传播领域仍缺乏实质性的贡献。①

针对传播理论的亚洲路径,迪萨纳亚克指出了四个可以进行探索的领域。

一是对古典文本(哲学性质)的挖掘,这些文本都蕴含了很多富有价值的传播概念……二,可以从经典传统和当代各类文化实践中复原(recuperate)出庞大的概念库……三,可以从所有的文化仪式和表演(民间戏剧、民间舞蹈、民谣、仪式和典礼)中考察传统的传播概念和传播实践……四,密切关注日常的交流行为,看看它们是如何被理解,如何与传统文化发生对话关系的。这项工作表面看起来简单,实际上,这不是一件简单的事。我们要提醒自己,理论并非脱离实践存在的,而是实践的批判性反思。②

譬如,在大多数亚洲文化中,人们不会直接对某事说"不"。在斯里兰

---

① WANG G, SHEN V. East, West, communication and theory: searching for the meaning of searching for Asian communication theory[J]. Asian journal of communication, 2000(2):15.
② DISSANAYAKA W. Asian approaches to human communication: retrospect and prospect[J]. International association of intercultural communication, 2003(4):19-20.

卡,他们说"balamuko"(意思是"再看看"),泰国人也很少直接说"不"。如果会影响社区和谐,中国人通常不会表达负面的观点。但是,大多数亚洲文化都有其自身表达"不"的方式,这对发展以亚洲为主体的跨文化交流理论很重要。

日本学者三池义高(Miike Yoshitaka)阐释了在创建以亚洲为中心的传播学理论时需要重点关注的一些领域。

> 首先,以亚洲为中心的传播学理论家应该在亚洲日常语言中探索和建立亚洲概念,从而对人类传播的本质进行重新思考和重新概念化……其次,以亚洲为中心的传播思想家应该从亚洲宗教哲学传统中汲取人类互动的基本原则,并提出新的传播理论模型……最后,以亚洲为中心的传播史学家在试图丰富人类传播问题、伦理和能力的理论基础时,应适当关注亚洲的历史经验。①

一些亚洲、非洲和拉丁美洲的学者已经清楚地认识到社会科学中欧洲中心主义的问题,然而他们未能因发展出具有原创性的非西方社会理论而出名。② 关于传播学理论去西方化的讨论越来越多。即便是这样,我们也要思考如何克服这个障碍。当然,这并不意味着全然的"去西化",而是尽可能融合东西方的传播理论和概念,这比"去西化"更好。

---

① MIIKE Y. Toward an alternative meta theory of human communication: an Asia centric vision[J]. Intercultural communication studies, 2003(4): 46-49.
② GUNARATHNE S. De-westernizing communication/social science research: opportunities and limitations[J]. Media, culture & society, 2010(3): 1-39.

跨文化正念传播的亚洲路径

亚洲各国正在探索在整个地区展开多种经济合作的模式，并希望从古代丝绸之路在商业、跨文化交流和文化流动（例如佛教在广大地区的传播）方面的成功经验中汲取灵感。中国正在亚洲和欧亚地区建立新的互联互通，以复兴过去伟大的贸易和文化根基。丝绸之路经济带和21世纪海上丝绸之路，合并起来叫作"一带一路"倡议（BRI）。这是一个价值数万亿美元的项目，它将改变世界。然而，学习传播学的亚洲青年学生基本上不知道这些贸易路线的历史意义以及过去所发挥的社会文化作用。这些贸易路线塑造了今天的亚洲身份。印度总理纳伦德拉·莫迪（Narendra Modi）称之为"印度佛教"亚洲的文明根源。[1]

从中国翻越喜马拉雅山脉到印度和中亚，再到阿拉伯地区和欧洲，这条古代丝绸之路上不仅发生了贸易往来，还有文化交流。僧侣跟随着商人，在丝绸之路沿线的地区传播佛教。后来，阿拉伯商人也通过海上贸易路线将伊斯兰教传播到印度尼西亚。这些贸易并没有导致军事入侵、奴役人民和掠夺资源。亚洲传播理论，尤其是跨文化传播理论，可以深入研究这些贸易路线是如何发展的，人们如何在几乎没有暴力的情况下交换商品和交流文化的，以及人们如何通过这些贸易路线驾驭不同文化的语言和习惯。建构一套基于这些古老联系的新的跨文化传播理论，并以此提出"一带一路"倡议的传播方法，可以为"一带一路"倡议的成功铺平道路。这些理论还有助

---

[1] BUDDHISTDOOR. Buddhistdoor view: Buddhism at the heart of Sino-Indian relations [EB/OL].（2015-05-28）[2021-07-11]. https://www.buddhistdoor.net/features/buddhistdoor-view-buddhism-at-the-heart-of-sino-indian-relations.

于消除西方将"一带一路"倡议视为军事和经济威胁的误解。

当英美媒体的报道共同质疑"一带一路"倡议时,亚洲传播者需要密切关注其道德、文化、历史偏见,以及西方的商业利益。要实现上述目标,亚洲传播学的教学大纲需要修订,需要加入更多基于亚洲历史和哲学知识的理论和概念。在这方面,正念交流项目就是一个很好的例子。

亚洲一体化的正念传播

2016年,在曼谷朱拉隆功大学(Chulalongkorn University),一群传播学者率先启动了一个项目:利用亚洲的哲学概念开发亚洲新闻培训课程。这个项目叫作"东盟一体化的正念传播"(Mindful Communication for ASEAN Integration),由联合国教科文组织国际发展传播项目(the International Program for the Development of Communication,IPDC)资助。这些学者致力于建立一个由来自泰国、印度、马来西亚、老挝的传播学者和新闻讲师组成的多元文化团队。柬埔寨、缅甸、越南、斯里兰卡和不丹也会加入这个项目,并将其关注点聚焦于"为可持续发展进行正念传播"。

该项目的一个主要组成部分是开发课程以鼓励所谓的"以人为本的新闻"(human-centered journalism),即以人文主义的(humanistic)方法来培养调查性新闻人才。西方文献中有很多关于人文主义的著作。2002年的《阿姆斯特丹宣言》(*Amsterdam Declaration 2002*)对人文主义作了明确的定义。[①] 它列出了7项基本原则,如下所示:

1.道德:确认个人的尊严、自主权以及自由权,与他人的权利是相一致的。

---

① 参见 https://humanists.international/what-is-humanism/the-amsterdam-declaration/。

2.理性:寻求创造性地而非破坏性地使用科学。

3.支持民主和人权:将民主和人的发展视为权利问题。

4.个人自由与社会责任相结合:以自由人对社会负责的理念构建世界。

5.替代教条的宗教:知识来自于持续的观察、评估和修正过程。

6.创造力和想象力:肯定艺术在改造社会中的重要性。

7.最大可能的完满:培养道德、理性和创造性的生活。

亚洲以人为本的新闻模式与上述的人文主义有什么区别?亚洲模式将通过引入源自佛教哲学的"充足经济"(sufficiency economy)理论重新定义发展传播学。引入亚洲哲学,例如"缘起"(dependent originations)和"无常"(impermanence)的思想,以及贪、嗔、痴"三毒"等,有助于建构一个新的致力于可持续发展的发展传播学理论。这些概念虽然都来自佛教哲学,但可以在没有任何宗教信仰的跨文化交流语境中应用。

佛教的无常理论基于这样的观点:生命是一个不断变化的循环,没有什么是可以抓住、可以把握的。当我们无法完全理解这个简单而深刻的真理时,我们就会感到痛苦。当我们理解之后,我们才会与周围的世界真正和解。在新闻实践中,我们可以使用这个理论来解释为什么事情会发生变化,比如,经济增长、气候变化和政治变革等。要了解这些变化,我们还需要了解"缘起"的理论,这是佛教中的一个重要教义。它认为,一切有为法都是因各种因缘而成。或者换句话说,"如果这个存在,那么那个就存在;如果这个不存在,那么那个也不存在"。这一理论应用于现代社会的最好例子是联合国可持续发展目标(Sustainable Development Goals,SDGs)。如果您查看17个可持续发展目标,您将看到每个目标之间的关联。例如,如果不提高健康标准、提供教育机会、提供清洁水和卫生设施、消除饥饿、促成性别平等,就无法实现消除贫困这第一个目标,这些都被载入可持续发展目标。正念传播理论要求将这一理念纳入记者培训中,以便他们更好地报道贫困和发展问题,甚至是贸易和政治问题。

佛教中的"三毒"出现在佛教教义的第二圣谛(也被称作"集谛"或"苦习圣谛")之中。贪婪或渴望使人们想要更多并且永远不会满足,这会导致你将自身的痛苦归咎于他人,产生仇恨心理。这种仇恨将会招致错觉,即对那些剥夺你想得到的东西的事物采取某些行动会给你带来幸福。这可能导致冲突和战争,这些都是仇恨的表现。我们可以采用这些原则来训练记者批判性地看待赌场(casino)文化和基于赌场的发展模式,以及为了掠夺资源而发起的永无止境的战争、以贪婪和支配等为基础的贸易协定。所有这些都提醒我们去反思基于适度(moderation)、合理(reasonableness)和弹性(resilience)原则的"充足经济学"。适度暗含一种美德,即根据资源的可用性生活;合理原则涉及对原因和结果的思考;弹性是洞察不断变化的环境(无常)。结果应反映平衡的进展和对变化的准备。[1]

开创致力于可持续发展的新型发展传播模式的主要目标是培养学生/学员在正念概念化、研究和撰写以人为本的新闻故事方面的思维和技能。课程和培训将聚焦于在讲述复杂故事的分析和实践中,人文主义所起的作用。学生需掌握深度倾听和对话式采访技巧的框架、正念的调查研究方法、采用人文主义理念对调查进行解释的方式,以及以人为本的不同形式的新闻叙事技巧。[2]

培养正念是佛教教义的核心。它也被称为"内观"(vipassana),意思是看到事物的真实面目,它是印度最古老的冥想技巧之一。内观(正念)是通

---

[1] DHAMMAPIYA P. What is sufficiency economics: a Buddhist perspective[C]. Lotus Communication Network and Institute of Asian Studies, Chulalongkorn University, 2021.

[2] SENEVIRATNE K. Mindful communication for sustainable development: perspectives from Asia[M]. New Delhi, India: Sage, 2018: 352.

过自我观察实现自我转变的一种方式。这是一种可以培养的练习,可以训练我们的思维进行内观练习。当下,正念已成为一种国际时尚。很明显,这种亚洲哲学传统可以有利于跨文化交流。

这一原则已贯穿于整个课程的开发过程。当我们通过学习技能和技巧来尝试集中精力,专注于我们正在做的事情时,我们思考着如何将获取智慧(panna/wisdom)的练习带入实践中,并且还思考了怎样让这种观念/过程进行跨文化传播。

重要的是,我们清晰地定义了正念跨文化传播理论,并将上述哲学原则纳入其中。这样,在西方正念潮流的背景下,当跨国公司的首席执行官们和美国海军陆战队员们进行正念练习时,这种传播方法才不会被误用。这种练习需要对学员灌输人文精神,这样才能在练习中引入慈悲心,而不是单纯地提高定力而不质疑其使用方式。

有两本相关的著作可参考:谢尔顿·甘纳拉特内(Shelton Gunaratne)、马克·皮尔森(Mark Pearson)和苏加斯·塞纳拉特(Sugath Senarath)2015年合编的《正念传播,数字时代的佛教伦理:一种佛教路径》(*Mindful Communication, Buddhist Ethics in Digital Era: A Buddhist Approach*),以及卡林迦·维拉特纳(Kalinga Seneviratne)2018年编著的《可持续发展的正念传播:来自亚洲的观点》(*Mindful Communication for Sustainable Development: Perspectives from Asia*)。

我们更愿意称记者为传播者,因为记者这个词已经被宣扬"三毒"和冲突的对抗性报道所玷污。传播者应该以富有同情心的心态报道个体,凸显其故事中的人文主义内涵,这可能与西方新闻业基于人权的个人主义方法不同(尽管并非完全不同)。在亚洲文化中,社区(或群体)权利优先于个人权利,这种文化差异经常被西方人误解为"威权主义"。为了弥合这种文化鸿沟,可以引用佛教概念中的发展慈悲心(developing compassion)和正确理解(right understanding)。如果你带着慈悲的心态去报道一个故事,你不仅要考虑个人的需求,还要考虑这个人所生活的社区的需求。因此,维护社区和谐需要与个人权利相平衡。但这并不意味着忽视治理体系中的不公正现象。西方新闻业的"看门狗"范式在其传播实践中往往过于强调对抗性,这会造成不必要的冲突而不利于解决问题。

中国外交官王晰宁 2020 年 8 月 26 日在澳大利亚全国新闻俱乐部(National Press Club)发表讲话时说:

> 我们认为,没有边际的物质主义是不可持续的,不受束缚的消费主义也并非合情合理。我们需要寻求一条道路:与同胞分享优质生活,与其他经济体共同发展,与其他物种共享大自然母亲的馈赠。据我所知,共享是社会主义理论的一个重要特征。社会主义制度有利于倡导和推动财富和机会的共享,同时根据不同社会成员的个人贡献来给予相应的报酬。而现代资本主义能够延续至今,也是因为其逐渐融入了养老金、义务教育和医疗福利等社会主义要素的结果。中国将长期处于社会主义初级阶段。中国政府和中国共产党的首要任务是更好满足人民日益增长的美好生活需要,促进人的全面发展和社会共同繁荣,要消除贫困,提高生产力,优化分配,改善民生。①

---

① WANG X N. China and Australia: where to from here?: Minister Wang Xining's address at the National Press Club [EB/OL]. (2020-08-26) [2021-07-11]. https://www.mfa.gov.cn/ce/ceau//eng/gdtp_16/t1809360.htm.

王晰宁的讲话非常符合上述佛教哲学思想，即发展正念跨文化传播模式和理论。我们认为理论化需要遵循实践经验。通过观察和分析实践经验，理论才得以发展。根据王晰宁大使的评论，建设社会主义民主体现了自给自足经济学理论的内涵以及佛家的"缘起"思想，后者在资本主义国家对于养老金、教育和福利领域的改革中也有体现。或许可以运用正念传播原则来分析和报道某些经济政策是否有利于建设社会主义民主？不同于西方的对抗性新闻报道，社会主义国家的新闻报道不必站在政府的对立面，而是更多地着眼于如何完善"社会主义民主"的概念。当着眼于人民不断增长的需求时，了解社会系统许多方面的相互依赖性将是有用的。将"充足经济学"的原则应用于发展社会主义民主，创造富有慈悲心的治理体系，还有巨大的探索空间。

结　论

当我们寻求建立亚洲的新闻与大众传播的新范式时，应该考虑到亚洲的哲学、社会和文化背景。为了培养同情心，推动以人为本的新闻实践，当今商业化的媒体经济模式可能是一个障碍。经济、商业和政治是不可能分开的，它们是相辅相成的，其共同的纽带是人。不幸的是，让民众自由发表意见被许多政府视为一种挑战。不丹试图制定人类幸福指数作为其发展政策的指南，泰国出于同样的目的提出了"充足经济学"理论，这些都应该在发展为人民、社区和国家服务的媒体传播范式的总体框架中被认真考虑。如果某一多党制国家的执政党腐败且受金钱驱使，有时西式民主可能不是解决之道。

为了实现本文中讨论的目标，我们需要认真审视我们的课程，使其不仅与当代亚洲国家相关,还能为世界提供新的范式,鼓励促进合作的新闻传播方式而不是延续当前占主导地位的西方对抗式报道模式。"阿布拉姆"(Abrhamic)传播理论是在一个跨文化框架中问世的,也许"印度-佛教"(Indic-Buddhist)传播理论也可以成为可能。该倡议需要由亚洲内部发起。正如我们之前所讨论的,最大的障碍是亚洲传播学者的心态。

我们自身需要进行观念上的去殖民化,摒弃亚洲传统智慧已经过时的想法。我们无法控制大众媒体技术的发展,但可以引导媒体内容。我们可以引导媒体以适应我们社会的发展。本文是讨论和规划亚洲发展新大众传播和新闻课程难得的机会。需要注意的是,传播理论全然去西方化是不可能的,也不是必需的。尽管西方的理论、模式和概念在很大程度上不能完全解释亚洲本土情境,但我们可以通过它们进行比较分析,了解亚洲以外思想的发展。这将有助于我们更深入地理解、看待西方传播理论的影响,并在传播全球化中保持自己的身份。

文化融合的关键符号表征：以敦煌飞天为对象*

◇ 张 兢**

摘 要 掘发敦煌文化融合特质及其人文精神内涵，关键符号是一个新的研究路线。本文提出，敦煌飞天是敦煌文化的关键符号，是敦煌文化融合的表征。敦煌文化融合主要表现在符号形式融合和思想观念的深层融合两个方面。就符号形式而言，符号挪用、符号借用、符号兼容是形式融合的基本方式，文化解释转向、普遍社会心理、编码者俗世愿望等构成了敦煌文化融合的深层意义结构。敦煌文化融合是不同质文化在交往交流和传播实践中历时性形成共享文化信码的过程。作为这一过程的结果，敦煌飞天集中表达了三种普遍性的人文内涵，即对精神自由的渴望，对安乐幸福生活

---

* 本文系国家社科基金一般项目"河西走廊民族互嵌型社区铸牢中华民族共同体意识的传播符码体系重构研究"（20BXW090）、陕西省社科基金一般项目"陕西县级融媒体中心建设现状调查与研究"（2019N005）阶段性成果。

** 张兢，西北民族大学新闻传播学院副教授、副院长，研究领域：传播符号学、中国传播思想史、民族文化符号。

的向往,以及对真善美的追求。

关键词 文化融合;关键符号;敦煌飞天;敦煌文化

The Key Symbols Representation of Cultural Fusion: A Case Study of Dunhuang Feitian

Abstract Exploring the cultural fusion characteristics of Dunhuang culture and its humanistic spiritual, the key symbol is a new research route. This paper points out that Dunhuang Feitian is the key symbol of Dunhuang culture and the representation of Dunhuang cultural fusion. The Dunhuang cultural fusion is mainly manifested in two aspects: the fusion of symbolic form and the fusion of ideas. In terms of symbol form, symbol appropriation, symbol borrowing, and symbol compatibility are the basic ways of symbol form fusion of Dunhuang Feitian. At the same time, the factors such as cultural interpretation turning, general social psychology, and secular desires of the coders, constitute the deep meaning structure of cultural fusion. The Dunhuang culture fusion is a diachronic process in which different cultures formed a sharing cultural code in the practice of communication. As a result of this process, Dunhuang Feitian expresses three universal humanistic connotations: the desire for spiritual free, the yearning for happy life, and the pursuit of truth, goodness and beauty.

Keywords cultural fusion, key symbols, Dunhuang Feitian, Dunhuang culture

引 言

敦煌文化具有持久的生命力。此生命力源于其历史性与当下性的缩合。敦煌自古就有"华戎所交,一都会也"①之称。秦汉以来,敦煌一直是境内多民族聚居区域,是连通中西方文化的传播枢纽。在漫长的历史岁月中,众多民族在此交往、交流、共同生活,不同文化在此汇流、碰撞、相互融合,留下了丰富的文化遗存和悠远的文化记忆,使敦煌地区呈现出精彩纷呈的文化景观。季羡林先生说:"敦煌文化的灿烂,正是世界各族文化精粹的融合,也是中华文明几千年来源远流长,不断融会贯通的典范。"②敦煌文化的历史性,就在于敦煌文化在文化交流融汇中形成的别具一格的"意义模式",这一"意义模式"是人们认识世界、解释世界并融入世界的共享文化信码。在新时代场域下,实现中华优秀传统文化的"创造性转化、创新性发展"成为主流话语装置。这意味着在尊重文化多元共存的同时,寻求文化一体性的可能性。敦煌文化的文化交融特质及其确立的"意义模式",与这一文化诉求具有内在的一致性。就此而言,当代敦煌文化研究就是"既要深入挖掘敦煌文化和历史遗存背后蕴含的哲学思想、人文精神、价值理念、道德规范等,……更要揭示蕴含其中的中华民族的文化精神、文化胸怀和文化自信,为新时代坚持和发展中国特色社会主义提供精神支撑"③。

在当代敦煌文化研究领域,掘发敦煌文化交融特质及其人文精神和价值观念,已成为敦煌文化研究的学术增长点。有人认为,敦煌文化的基本精

---

① 后汉书卷一百一十三·志第二十三·郡国五[M]//刘昭注引.耆旧记.北京:中华书局,1965:3521.
② 季羡林.敦煌学、吐鲁番学在中国文化史上的地位和作用[J].红旗,1986(3):206-213.
③ 习近平.在敦煌研究院座谈时的讲话[J].求是,2020(3):2-3.

神是根深蒂固的中原情结和透骨入髓的乡土感情以及二者水乳般的交融为一。① 有人认为，敦煌文化显示出兼容、宽容、追求和平进步发展的时代精神。② 有人认为，敦煌文化表现出多元性和一体性的双重特征。③ 还有人认为敦煌文化体现了中华文明的包容精神、奉献精神和创造精神。④ 这些基于历史文献和考古发现的研究成果，对敦煌文化的文化融合特征进行了宏观分析和阐述，为进一步研究提供了知识基础和思想启发。但是整体而言，既有研究数量明显不足，层次尚待提升，学科视角和研究方法尚待拓展和丰富，甚至有就敦煌说敦煌的学术"内卷化"现象⑤。本文试图从符号传播和意义演化角度，通过辨识和确认敦煌文化的关键符号，对其文化融合表征和深层精神内涵进行分析和阐述，就教于大方之家。

一、敦煌文化融合的关键符号路线

从关键符号角度进入敦煌文化融合论域，首先必须明确回答三个方面的问题：一是关键符号与文化融合之间存在着怎样的内在关联，二是关键符号研究应遵循怎样的研究路线，三是敦煌文化的关键符号是什么。这是本

---

① 颜廷亮在此方面有深入系统的研究。参阅颜廷亮.敦煌学研究的一个重要分支学科：敦煌文化研究漫议[J].敦煌研究，2000(2)：183-185；颜廷亮.敦煌文化的灵魂论纲[J].甘肃社会科学，2000(4)：32-37.
② 柴剑虹.敦煌学与敦煌文化的思考[M]//敦煌与丝路文化学术讲座.北京：北京图书馆出版社，2003：56-57.
③ 杨燕，杨富学.论敦煌多元文化的共生与交融[J].世界宗教文化，2019(6)：7-16.
④ 马德.论敦煌历史文化的包容精神：对习近平总书记考察敦煌等地讲话的一点认识[J].世界宗教文化，2019(6)：1-6.
⑤ 荣新江.敦煌：21世纪还是"学术潮流"吗？[M]//敦煌学新论.兰州：甘肃教育出版社，2002：65-71.

文分析和阐释的逻辑基点。

(一)关键符号和文化融合的内在关联

对文化融合问题的观察与思考,有必要回溯恩斯特·卡西尔(Ernst Cassirer)的著名论断:"我们应当把人定义为符号的动物(animal symbolicum)来取代把人定义为理性的动物。"人"如此地使自己被包围在语言的形式、艺术的想象、神话的符号以及宗教的仪式之中,以致除非凭借这些人为媒介物的中介,他就不可能看见或者认识任何东西"[①]。卡西尔所说的"语言的形式、艺术的想象、神话的符号以及宗教的仪式"就是借由各种符号构成的文化体系,文化与符号存在着紧密的关联。对此,克利福德·格尔茨(Clifford Geertz)说得更为明确:"我所坚持的文化概念既不是多所指的、也不是模棱两可的,而是指从历史沿袭下来的体现于象征符号中的意义模式,是由象征符号体系表达的传承概念体系。"[②]基于这样的文化理解,文化融合就是不同质的"意义模式"在交往交流过程中形成共享文化信码的过程,文化融合必然要通过各种各样的符号表现出来。

然而,对任何一种文化而言,其符号体系多样而复杂。兼采各种符号进行文化分析既不可能,也有舍本逐末之嫌。因此,文化人类学家提出了"关键符号"概念。明确提出"关键符号"概念的,是美国人类学家谢里·奥尔特纳(Sherry B. Ortner)。她将关键符号界定为特定文化比较直观易知的社会符号,文化共同体成员通过关键符号交流思想、参与社会、维系世代。[③] 实际上,在奥尔特纳之前,一些学者已经提出过相似的概念,并对关键符号与文

---

① 卡西尔.人论[M].甘阳,译.上海:上海译文出版社,2004:33-34.
② 格尔茨.文化的解释[M].纳日碧力戈,郭于华,等译.上海:上海人民出版社,1999:103.
③ ORTNER S B. On key symbols[J]. American anthropologist,1973(75):1338-1346.

化融合之间的关联性进行了深入讨论。鲁思·本尼迪克特(Ruth Benedict)在1934年发表的《文化模式》中,提出了"关键要素"(key elements)概念,强调文化"整合"和"同化"的关键要素表达。① 之后,她在《菊与刀》中将日本人的国民性格和民族性提炼为"菊"和"刀"两个关键要素,以此象征日本文化的双重性。② 施奈德(D. M. Schneider)在亲属制研究中,通过对Yap人亲属关系中的"核心符号"(core symbols)的解构,论证了西方的亲属关系概念完全不能用来描述当地人之间的关系。③ 维克多·特纳(Victor Turner)在恩登布人仪式研究中,用"奶树"这一关键符号展开对恩登布社会的整合和延续的分析。④ 由此,关键符号与文化融合之间便具有了客观的内在关联。这种关联性至少表现在两个方面:一是关键符号是文化融合的结果。在文化传播过程中,不同质文化必然存在着交流对话,并在交流对话中彼此借鉴,趋向于融合。关键符号便是文化交融整合结果的符号再现。二是文化融合必然通过关键符号加以表达,关键符号是文化融合的表征。这种再现首先表现为直观的符号形式,而其深层本质则是价值观念和普遍的社会心理。因此,通过对关键符号进行由表及里的分析,可以探寻、阐释不同质文化的对话、融通过程,把握文化融合的深层意涵。

(二)关键符号研究的学术路线

关键符号是特定文化的"认知的区别性特征"(cognitive distinctions),

---

① 本尼迪克特.文化模式[M].王炜,译.北京:社会科学文献出版社,2009.
② 本尼迪克特.菊与刀:日本文化的类型[M].吕万和,熊达云,王智新,译.北京:商务印书馆,1990:2.
③ SCHNEIDER D M. A critique of the study of kinship[M]. Ann Arbor:The University of Michigan Press,1984.
④ 特纳.象征之林:恩登布人仪式散论[M].赵玉燕,欧阳敏,徐洪峰,译.北京:商务印书馆,2014.

是特定文化的解释框架或者"文化图式",是文化变迁和历史浮沉中稳定的、连续不变的既定存在,因此辨识并确认特定文化的关键符号,成为关键符号研究的基础。确认特定文化的关键符号,就是在静态的时间点上寻找和确认该文化的稳定的核心性基础符号。但必须认识到,这种截断历史脉络的研究取向既遮蔽了关键符号是文化融合的结果,也忽略了关键符号意义生产的社会文化情境。

关键符号是在文化大传统背景下,经由社会交往和传播实践历时性形成,具有突出的动态演变和文化建构特征。关键符号的形成,是文化差异性不断让渡于文化一体性的结果,是文化融合的结果。这是一个长期渐变的历史过程。其间,既有索绪尔(Ferdinand de Saussure)意义上的符号能指、符号挪用等符号形式融合,也有皮尔斯(Charles Sanders Peirce)意义上的"无限衍义"和意义的重新解释,还有更深层次的文化整合、观念转向以及共通的社会心理的遇合与推动。因此,辨识和确认特定文化的关键符号固然重要,但是确认和分析的目的是探寻文化融合的脉络和内在规律,追寻其文化融合的所自来处。这正是本文的研究路线和致力于回答的问题。

(三)作为敦煌文化关键符号的敦煌飞天

敦煌文化是一个复杂的符号集丛。何种符号可以被指认为敦煌文化的关键符号,自然是一个言人人殊的问题。奥尔特纳提出,判断某种符号或者物象(X)是否构成某文化的关键符号的指标有五项,只要涉及其中两项,就可以将 X 确定为某文化的"关键符号"。这五项指标是:(1)本土人告诉我们 X 有重要的文化意义;(2)本土人会显露对 X 的正面或者负面的态度;(3)X 出现在各种符号场域,比如神话、仪式、艺术、套话、成语等;(4)围绕 X 会产生精细的文化意蕴;(5)X 会受到更多的文化意义上的限制,例如规则或者禁忌以及违禁后的惩罚。① 据此,本文提出,敦煌飞天可以被确认为敦煌文化的关键符号。

首先,敦煌飞天是直观易知的社会符号,且与敦煌文化大传统紧密相关。符号是"被认为携带意义的感知"②。所有符号都是可知可感的,否则其携带的意义便无法被人接收和解释。关键符号亦如此,但有其独具的感知品质。它主要表现为一种展示型符号,以非语言文字符号形式得以再现,通过亲身参与或在场体验、口耳相传的方式自然而然地嵌入人们的日常生活之中,传递某种"标示性"意义。更为重要的是,关键符号携带的"标示性"意义与"先于和外于文字记录"的"文化大传统"紧密相关③。文化大传统昭示着知识和信仰的传承谱系和所自来处,深沉地流淌在文化长河和人们的日常生活之中。关键符号所指向的就是这样的文化大传统,它是洞悉文化大传统的关键。敦煌飞天正是具有这种符号品质的关键符号。作为敦煌文化的重要构成,敦煌飞天是极具视觉冲击力和艺术感染力的图像符号,直观易知,摄人心魄,其形象能指和意义所指承载着深邃悠远的文化内涵,与文化大传统紧密相连。

其次,敦煌飞天持续、广泛地出现在各个符号场域。就持续性而言,自前秦建元二年(公元366年)莫高窟始建,到公元14世纪,在千余年的历史长河中,敦煌飞天一直是敦煌壁画中不可或缺的重要符号。就广泛性而言,敦煌飞天往往出现在神话、仪式、艺术、日常用语等各种符号场域,还出现在帝王宫廷之中。《资治通鉴》记载,隋炀帝"于观文殿前为书室十四间,窗户床褥厨幔,咸极珍丽,每三间开方户,垂锦幔,上有二飞仙,户外地中施机发。

---

① ORTNER S B. On key symbols[J]. American anthropologist,1973(75):1338-1346.
② 赵毅衡.符号学:原理与推演[M].南京:南京大学出版社,2016:1.
③ 叶舒宪.探寻中国文化的大传统:四重证据法与人文创新[J].社会科学家,2011(11):8-14.

帝幸书室,有宫人执香炉,前行践机,则飞仙下,收幔而上,户扉及厨扉皆自启,帝出,则垂闭复故"①。时至今日,敦煌飞天广泛出现在现代歌舞、壁画、工艺品、城市雕塑、商业命名等方面。在智能传播时代,敦煌飞天通过各种艺术形式和媒介载体得到广泛传播。敦煌飞天不仅仅是一种历史存在,它一直绵延至今,并被赋予新的时代意义,具有强烈的现实指向性。

最后,关键叙事脚本的普遍认同性。在西北地区乃至全国,人们常常听到这样的说法:"飞天是敦煌莫高窟的名片""敦煌飞天是中国文化象征符号""敦煌飞天是艺术美的象征"等。这些广为人知、耳熟能详的叙事脚本所表达的,既是人们对敦煌飞天的普遍认同,也是人们对敦煌飞天作为敦煌文化标志性符号的普遍认同。更为重要的是,敦煌飞天形象内涵的欢乐、自由等观念,对人们产生了极大的影响力。

二、敦煌飞天的符号形式融合

索绪尔认为,符号是概念和音响形象二者结合的整体,"用所指和能指分别代替概念和音响形象"②。皮尔斯则反对对符号进行二元划分,他将符号看作"再现体"(representation)、"对象"(object)、"解释项"(interpretant)构成的"三元关系":"符号一方面由一个对象所决定,另一方面又在人们的心灵(mind)中决定一个观念(idea);而对象又间接地决定着后者那种决定方式,我把这种决定方式命名为解释项。由此,符号与其对象、解释项之间存在着一种三元关系。"③皮尔斯所说的"再现体"就是符号。再现体必有指涉

---

① 资治通鉴第182卷·隋纪六[M].北京:中华书局,1956:5694-5695.
② 索绪尔.普通语言学教程[M].高明凯,译.北京:商务印书馆,1980:92.
③ 皮尔斯.皮尔斯论符号[M].赵星植,译.成都:四川大学出版社,2014:31.

对象,不管这种对象是实在的,还是虚构的,甚至是无法想象的虚构的存在,符号与其指涉对象之间存有深刻的"理据性"。就敦煌飞天而言,其再现体(符号形式)表现为相辅相成的两种外在形式:语词符号和图像符号。前者是再现于语词文本中的抽象形象,后者是再现于敦煌石窟壁画中的直观形象。无论是语词符号,还是图像符号,均带有较为明显的文化融合印痕。

(一)语词符号形式融合

学界普遍认为,"飞天"就是佛教天龙八部中的乾达婆(Gandharva,又译作乾闼婆)和紧那罗(Kipnava)。这种观点以常书鸿先生和段文杰先生为代表。[①] 由于《敦煌大辞典》在解释"敦煌飞天"这一词条时采用了这一观点[②],"飞天即乾达婆和紧那罗"的说法几乎成为定论。后来,学者们通过文献考证发现,在唐代以前的文献中,频繁出现的是"诸天""天人""天女""天仙"等语词,极少出现"飞天"一词。即使偶尔出现,也是作为动名词使用,意为"飞上天空"。"飞天"作为名词流行于世,大约是10世纪以后的事了。[③]

问题在于,在"飞天"这一语词符号流行之前,频繁出现在众多文献中的诸如"诸天""天人""天女""天仙"等语词符号所指涉的是否为同一对象?这些语词符号传递着怎样的文化信息?

按照罗曼·雅柯布森(Roman Jakobson)的观点,"可翻译性"是交流传

---

① 常书鸿.敦煌飞天[M].北京:中国旅游出版社,1982;段文杰.飞天:乾闼婆与紧那罗——再谈敦煌飞天[J].敦煌研究,1987(1):1-15.
② 季羡林.敦煌学大辞典[M].上海:上海辞书出版社,1998.
③ 此方面的代表性成果有:砂冈和子.日本平安汉文里的"飞天"[M]//南京栖霞山石窟艺术与敦煌学.北京:中国美术出版社,2002;赵声良,久野美树.十年来日本的中国佛教美术艺术综述[J].敦煌研究,2004(4):100-106;赵声良.飞天新论[J].敦煌研究,2007(3):12-17,115.

播活动的前提。"可翻译性"就是一种符号可以被另一种符号表达,只有传受双方使用共同的"符码"(code)——共同的符号规则,交流传播活动才会顺利进行;否则就会出现交流障碍。①"可翻译性"就是在符号之间建立一种等同关系,从而达致交流传播活动的畅通。从这一观点出发,将"飞天"等同于乾达婆和紧那罗,或者等同于侍从护法、歌舞散花等诸天神,或者等同于其他,就是用一种符号翻译或指代"飞天"。在这种语词符号等同的背后,透露着两种思维方式和文化趋向。

第一种是站在印度文化和佛学经典的解释框架下理解"飞天"。在佛学概念体系中,"天"指涉的是《阿弥陀经》中所说的西方极乐世界。在此永恒安乐、不生不灭的世界中,乾达婆、紧那罗以及诸天神凌空飞舞、弹琴歌唱、无滞无碍,侍奉、娱乐众神。将"飞天"这一后出的语词符号等同于乾达婆、紧那罗和诸天神等,意在掘发"飞天"的本来所指。沿着这样的思路,必然要从印度佛教文化传统中进行追本探源式的究问。然而,这种解释路线恰恰忽略了一个重要事实,即"飞天"是中国本土文化和佛教文化历经数百年交流融合后产生的一个语词符号,在单一文化传统中探赜钩沉,可能会遮蔽这一语词符号蕴含的文化融合特质。

第二种解释则站在本土文化和外来文化交流融合的背景下理解"飞天"。在"飞天"这一语词符号出现之前,中国经典文献中已经频繁出现"天人""天女""天仙"等语词符号,这些语词符号深植于中国文化传统之中。首先,"天"所指向的不仅仅是自然之天,更是超越了社会与人间的众神之神,它对于人间事务(诸如年成、征战、作邑乃至人的生命等)具有生杀予夺的绝对权力,人们必须按照"天"的意志行事。《诗经·生民之什·板》有云:"敬天之怒,无敢戏豫。敬天之渝,无敢驰驱。昊天曰明,及尔出王。昊天曰旦,

---

① 雅柯布森.语言的元语言问题[M]//雅柯布森文集.钱军,译注.北京:商务印书馆,2012:71.

及尔游衍。"①中国古人相信，人死后，灵魂会飞升到至乐无忧的天国仙界，永远伴随在"天帝"左右，庇护保佑子孙后代，这是中国文化中祖先崇拜的古老渊源。《诗经·文王》中说："文王在上，于昭于天。周虽旧邦，其命维新。有周不显，帝命不时。文王陟降，在帝左右。亹亹文王，令闻不已。陈锡哉周，侯文王孙子。文王孙子，本支百世，凡周之士，不显亦世。"②因此，"天"在中国文化传统中有其特定指向，它将一种超自然的存在与人间秩序紧密连接在一起。其次，"天人""天女""天仙"是灵魂飞升到天国仙界的导引媒介物。汉诗《长歌行》说："仙人骑白鹿，发短耳何长。导我上太华，揽芝获赤幢。"③这里所说的"仙人"，就是典型的升天导引媒介物。除此之外，中国文化中还有很多关于升天媒介物的想象。河西走廊的另一个重镇——武威，曾经发现了东汉时期的一个墓葬——雷台汉墓，在出土文物中，有一尊大名鼎鼎的青铜器"马踏飞燕"。有人认为，这匹马，应为天马；这只鸟，应为金乌。④ 天马、金乌也是典型的升天媒介物。最后，佛教传入中国之后，中国文化传统中原有的"天人""天女""天仙"等语词被挪用，用来指涉不长翅膀、不生羽毛、无翅而飞的"飞天"。这一解释框架，兼顾了中国文化对于"天"的想象和印度文化散播之需，更能呈现"飞天"这一语词符号背后蕴含的文化融合的本质。

(二) 图像符号形式融合

一般认为，敦煌飞天的形象演变，大体上经历了西域飞天、飞天中国化、

---

① 方玉润.诗经原始[M].北京：中华书局，1986：527-528.
② 方玉润.诗经原始[M].北京：中华书局，1986：474.
③ 乐府诗选[M].余冠英，选注.北京：中华书局，2012：23.
④ 张晋峰，牛宏."马踏飞燕"当为"天马伴金乌"：雷台汉墓铜奔马的宗教学解读[J].西北民族大学学报（哲学社会科学版），2017(2)：132-139.

中国飞天、飞天鼎盛、程式化飞天五个阶段。①

敦煌飞天最早出现在十六国北凉时期。这一时期的飞天,脸形椭圆,身材粗短,眼大、鼻大、耳大,头顶有光圈,大多上身袒裸,两臂伸展,身姿呈"V"字形,整体形象粗犷、健硕。此时的飞天形象,是对古龟兹国克孜尔千佛洞飞天形象的完全模仿,尚未与中原文化产生交集,具有浓郁的异域色彩,故被指称为"西域飞天"(见图1)。

图1　北凉272窟窟顶中央藻井的四身飞天
(图片来源:数字敦煌官网,https://www.e-dunhuang.com/)

第二个阶段是飞天中国化阶段,出现在北朝时期。这一时期的飞天形象表现出三个比较突出的特点:第一,飞天形象变得阴柔、女性化,身体苗条,眉清目秀,身着长袍大袖,飘逸灵动,具有明显的魏晋画风。比如北周

---

① 段文杰从美术史角度对敦煌飞天的形象演变进行了全面梳理和详细分析,他将敦煌飞天的发展区分为十六国至北周时期、隋代、唐代、五代宋初、元代几个发展时期。杨玉飞沿用了这一区分。参阅:段文杰.飞天:乾闼婆与紧那罗——再谈敦煌飞天[J].敦煌研究,1987(1):1-15;杨玉飞.敦煌飞天:中国特色的文化符号[J].中国宗教,2017(11):70-71.

296窟的"少女飞天",身体柔软修长,飘逸灵动,婀娜多姿,与西域飞天形成鲜明对照(见图2)。第二,伎乐飞天队伍出现。浩浩荡荡的伎乐飞天构成了舞乐相随、声色并举的场景,颇有"天花乱坠满虚空"的诗意。第三,西域飞天与中原飞天并存。根据段文杰的研究,在许多北周洞窟里,不仅西域飞天与中原飞天并存,而且秀骨清像式的中原飞天也向"面短而艳"的崭新形象发展,尤其是裸体飞天的出现,与潇洒飘逸的中原飞天迥然异趣。①

图2 北周296窟窟顶北坡的少女飞天
(图片来源:数字敦煌官网,https://www.e-dunhuang.com/)

第二个阶段出现在隋代。隋代是飞天最多、流行最广的时代。人们一进入洞窟,扑面而来的,不仅仅是佛陀、菩萨的庄严法相,更引人注目的是自由灵动的飞天。隋代飞天,除了绕窟一周的飞天队伍之外,窟顶还出现了自由活泼的飞天群。比如飞天最多的隋代427窟,洞窟的东南西北四壁都有散花飞天队伍,沿着天宫栏墙绕窟一周,共计108身(见图3)。这些飞天体态轻盈,腰肢柔软,动作舒展,有的手捧莲花,有的手执花盘,有的扬手散花,箜篌、琵琶、横笛、竖琴等乐器一同奏响,构成了"落花空中左右旋"的诗意场景。

---

① 段文杰.飞天:乾闼婆与紧那罗——再谈敦煌飞天[J].敦煌研究,1987(1):1-15.

图 3 隋代 427 窟四壁天宫栏墙之上的飞天
(图片来源:数字敦煌官网,https://www.e-dunhuang.com/)

第四个阶段是中国飞天的鼎盛时期,出现在唐代。因时代不同,初唐、盛唐、中晚唐的飞天呈现出不同的特点。初唐飞天给人的体验是奋发进取、豪迈有力、自由奔放、奇姿异态,有变化无穷的飞动之美。盛唐飞天,造型华丽,风格热烈奔放。飞天的脸型,丰腴圆润,"长眉入鬓",体态丰满,手势灵活,胸部隆起。比如盛唐 320 窟的华盖四飞天,流云飞动,花雨纷落,四身飞天互相追赶,飞翔于空中,充满了欢乐、自由与吉祥的气氛(见图 4)。中晚唐时期的飞天,已经没有了初唐和盛唐时期飞天的自由和神韵,趋于淡雅萧疏,但也留下了传世精品。尤其是反弹琵琶飞天,更是飞天精品中的精品(见图 5)。时至今日,反弹琵琶飞天成为敦煌市的城市标志。在经典民族舞剧《丝路花雨》中,反弹琵琶飞天化身为舞剧的女主角英娘,演绎了一个患难与共、生死相交的动人故事。

最后一个阶段是程式化阶段。五代之后,飞天数量减少,造型单一,缺乏新意,呆板固定,逐渐走向程式化和衰败。最终因为嘉峪关被封关,敦煌莫高窟停建,敦煌飞天从人们的视线中消失。

图 4　盛唐 320 窟华盖四飞天
(图片来源:数字敦煌官网,https://www.e-dunhuang.com/)

图 5　唐 112 窟飞天伎乐(局部)
(图片来源:数字敦煌官网,https://www.e-dunhuang.com/)

(三) 符号形式融合的基本方式

语词符号和图像符号是敦煌飞天的两种外在表现形式,其演变过程和符号形式融合的基本面貌已如上文所述。在这一过程中,可以发现三种符号形式融合的基本方式,即符号挪用、符号借用、符号兼容。

首先是符号挪用。符号挪用源自米歇尔·德·塞托(Michel de Certeau)提出的"文化挪用"概念。米歇尔·德·塞托认为,在日常生活实践中,边缘群体会挪用外部加在他们头上的象征符号,通过挪用能指创造别样的意义,从而达到"反规训"的目的。[①] 本文所谓的符号挪用是就跨文化传播而言。在跨文化传播活动中,某文化要得到另一文化群体成员的接受和认同,必然要挪用另一文化群体成员共享的文化符号形式,将某文化的概念和价值赋予这一文化符号形式之中。唐代以前,对于"飞天"的指称更多使用的是"天人""天女""天仙"等语词符号,这些语词符号有着甚深的文化传统。为了便于佛教被接受和传播,西域僧人在翻译佛经时,挪用了这些中国人熟悉的语词符号。这种符号挪用现象在当时被称为"格义"。汤用彤先生曾指出,魏晋南北朝时期,西域僧人"系统化地从事对比中国本土的观念或名词同印度范畴,这样就提供了他们的弟子们以大量的观念或名词相等同的例子,借以引导他们达到完全的理解"[②]。符号挪用现象在佛经大翻译家鸠摩罗什的译本中随处可见。鸠摩罗什翻译的《大庄严论经》中说:"天人音乐等,一切皆作唱。……虚空诸天女,散花满地中。"[③]《维摩诘所说经·文殊师利问疾品》中说:"即时八千菩萨、五百声闻、百千天人,皆欲随从。于是文殊

---

① 塞托.日常生活实践 1:实践的艺术[M].方琳琳,黄春柳,译.南京:南京大学出版社,2015:35.
② 汤用彤.汉魏两晋南北朝佛教史[M].北京:中华书局,1983:168.
③ 大庄严论经[M]//大正新修大藏经第 4 册 No.0201.台北:新文丰出版公司,1934:323.

师利与诸菩萨大弟子及诸天人恭敬围绕,入毗耶离大城。"①这里的"天人""天女"就是对中国本土固有语词的挪用。可见,符号挪用是符号形式融合的普遍方式,在跨文化传播活动中表现得尤其突出。

其次是符号借用。敦煌莫高窟中国化飞天的形成,是充分借鉴和吸收中国古代世俗文化符号的结果。百戏是中国古代世俗文化的主要形态,包括歌舞、乐伎、杂技等。百戏起源于春秋战国,形成于汉代。十六国至唐代,各民族乐舞和百戏在交流碰撞中催生出新的类型,形成了乐舞百戏的大融合和大繁荣。乐舞百戏的大繁荣成为敦煌飞天的创作源泉。根据段文杰先生和谢生宝先生的研究②,敦煌飞天中约有1/3是持乐器飞行的,其形体姿态就是乐舞演员表演姿态的艺术升华。敦煌飞天悬空倒立、向下俯冲的形体姿态就是模仿杂技表演的徒手倒立、走索跟挂、马术倒立等姿态创作的。因此,谭树桐先生认为:"在某种意义上,敦煌飞天是十六国至唐代乐舞百戏兴盛的升华。"③

最后是符号兼容。符号兼容就是中西方文化符号出现在同一个符号场域,和谐共现。其间有两种现象:一是飞天形象出现在墓室壁画等重要文化事项之中,二是中国传统文化符号出现在洞窟壁画之中。就前者而言,墓室壁画等是中国传统的重要文化事项。飞天传入之前,墓室壁画中出现的是诸如飞龙、羽人、天马、女娲等图像符号,寄寓着人们希望灵魂飞升天国仙界的想象。洛阳邙山脚下发现的西汉后期卜千秋墓的羽人飞升壁画最为典

---

① 维摩诘所说经·文殊师利问疾品[M]//大正新修大藏经第14册 No.0474.台北:新文丰出版公司,1934:544.
② 谢生宝.敦煌飞天形体姿态的来源[J].敦煌研究,2001(4):13-21;段文杰.飞天:乾闼婆与紧那罗——再谈敦煌飞天[J].敦煌研究,1987(1):1-15.
③ 谭树桐.敦煌飞天艺术初探[M]//1983年全国敦煌学术讨论会文集:石窟·艺术编下.兰州:甘肃人民出版社,1987.

型。飞天传入之后,其形象开始出现在墓葬砖画中。河南邓县发现的南朝墓彩色画像砖即为典型(见图6)。画像砖上,两身飞天作天女下凡状,衣袂飘飘,姿态袅娜,飘逸灵动。就后者而言,敦煌壁画中出现了诸如西王母、东王公、苍龙、彩凤等中国传统文化符号。最具代表性的是隋代401窟西壁龛顶的西王母、东王公驾车出行的场景。画面上,东王公乘双龙车辇、西王母乘凤辇,双龙车辇的御者是长袍大袖的仙道,凤辇的御者是双翅羽人,龙辇和凤辇的上方和前方,伎乐飞天凌空飞舞,奏乐相随,浩浩荡荡,蔚为壮观。这两种符号兼容现象是佛道文化融合的形式再现。

图6　河南邓县南朝墓彩色画像砖上的飞天

(图片来源:https://www.sohu.com/a/335453958_258370)

三、敦煌飞天的深层意义结构

在文化传播活动中,符号意义会被重新解释。重新解释,就是用新的符号解释原有的符号。这一观念源于皮尔斯提出的"解释项"以及由这一概念延伸而来的"无限衍义"概念。所谓"无限衍义",就是指涉同一对象的符号形式不断变化,形成了后一个符号解释前一个符号的无限解释过程。[①] 重新

---

① 皮尔斯.皮尔斯论符号[M].赵星植,译.成都:四川大学出版社,2014:38-39.

解释在敦煌飞天的语词符号形式中并不彰显。这与语词符号的静态抽象性有关。虽然敦煌飞天形象经历了丰富而复杂的演变过程,但是在语词符号文本中,往往使用"天人""天女"或者"飞天"等静态的、抽象的语词符号笼统加以指称,无法直观感知敦煌飞天形象的动态变迁轨迹。图像符号则不同。它给人以直观的、动态的、现场的体验。每一个目睹不同时期敦煌飞天图像的人,马上能体验到飞天形象的差异性。飘逸灵动的"少女飞天"明显不同于身材粗短的"西域飞天";丰腴奔放的盛唐飞天明显不同于"少女飞天";淡雅萧疏的中唐飞天也明显不同于盛唐飞天……实际上,"少女飞天"就是以新的符号形式重新解释"西域飞天",唐代飞天也是以新的符号形式重新解释"少女飞天"。

表面看来,重新解释直观地表现为符号形式改变以及符号形式融合,但是,符号形式融合不过是特定历史文化时期深层"意义结构"的外在表现。由思想观念、知识架构、社会心理等复杂因素构成的特定时期的"意义结构",直接影响着意义生产和文化解释的方向,也直接影响着符号形式的选择和组合。[①] 意义结构改变,符号形式必然改变,符号意义解释也必然会重新展开。虽然敦煌飞天的符号形式融合可以被视为文化融合的一种表现,但是它仅仅是文化融合的浅层外在表征。文化融合的本质和核心是思想观念、价值取向和行为方式的融合,对于这种深层融合的分析阐述必须深入到特定时期的意义结构中去。因此,研究者不能停留在敦煌飞天符号形式融合这一浅表层面,需要进一步对"为什么产生这样的符号形式融合"问题进行追问和回答。

---

① 霍尔.编码,解码[M]//罗钢,刘象愚,主编.文化研究读本.北京:中国社会科学出版社,2000:348.

(一)思想观念融合和文化解释转向

南北朝时期是敦煌飞天的中国化和本土化时期,也是敦煌飞天符号形式融合比较集中的时期。这一时期,儒家礼乐教化衰微,"谈玄说佛,成为全国文化的重心"①。"以道释佛"成为中国知识界和西域僧人共用的诠释策略,这种情况在敦煌文书中有突出体现,而且表现出一种"平心静气的、以沟通为目的的研究旨趣"②。虽然各自出发点不同——中国知识界试图将佛学思想观念纳入中国本土文化框架下,西域僧人是为了弘扬佛法的需要,但是在客观上促成了两大文化传统的相互借鉴和相互吸收,以及思想观念的相互融合。思想观念融合表现在敦煌飞天上,就是道家羽人和佛教飞天的合而为一。

"羽人"常出现于先秦和两汉文献中。《楚辞·远游》中说:"仍羽人于丹丘兮,留不死之旧乡。"王逸注曰:"《山海经》言:有羽人之国,不死之民。或曰:人得道,身生毛羽也。"③《吕氏春秋》中说:"羽人、裸民之处,不死之乡。"④《论衡》说:"图仙人之形,体生毛,臂变为翼,行于云。"⑤这种"人首人身、肩背出翼、两腿生羽"的羽人形象广泛出现在文献记载和考古发现之中。根据贺西林先生的研究,羽人常与其他的图像符号相组合,表达不同的意义。常见的组合模式大体有三类:一是羽人与天帝、雷公等天庭诸神翱翔于云天;二

---

① 吕思勉.中国通史[M].上海:上海古籍出版社,2009:378.
② 刘永明.论敦煌佛教信仰中的佛道融合[J].敦煌学辑刊,2005(1):45-55.
③ 王逸.楚辞章句补注[M].长春:吉林人民出版社,1994:164-165.
④ 吕不韦.吕氏春秋[M].高诱,注.北京:中华书局,1954:285-295.
⑤ 王充.论衡[M].北京:人民出版社,1984:21.

是羽人与捣药玉兔、蟾蜍等灵瑞出没于仙庭；三是羽人与龙、鹿、凤凰等祥瑞戏舞。① 根据文献记载和考古实物可见，羽人形象比较集中地反映了两种文化观念长期而广泛的流布。一是灵魂不死观念以及在此观念中产生的对于长生不死、自由自在生活的希冀与渴望；二是对于远离尘世、逍遥自得的天庭仙界的想象。这既是生者的现实诉求，也是对死者的美好托寄。这种观念与佛教恰有暗合之处。佛教向人们承诺了一个永恒安乐、不生不灭、超凡脱俗的"极乐世界"，一旦解脱，凡人即可成佛，寿命无量无边。佛教同时为人们提供了抵达的路径和方式，那就是远离世俗人群，断绝人欲恶念。知识界和思想界固然可以围绕佛道异同、佛道优劣等问题进行激烈的辩诘和深邃的玄思，但对于生活动荡不宁、生命朝不保夕的普通民众而言，道家的天庭仙界、佛家的极乐世界具有同等的价值内涵，因为二者都可以满足他们长生久视、自由安乐、脱离苦难的现实诉求。由此便出现了前文所述的"符号兼容"现象，即道家羽人和佛教飞天的同场共现。有论者认为："飞天受中国传统飞仙图像的影响，很大程度上已经仙人化，有的二者难以区别，往往混用。"②

魏晋以后，羽人形象逐渐减少，无羽翼的飞天频繁出现在器物和壁画之中，其中国化特征日渐彰显。这主要有两个方面的原因，一是魏晋玄学家对于神仙真人的重新诠释，二是审美观念转向。就前者而言，魏晋玄学家在重新解释老庄思想时，赋予神仙真人以更高的精神境界，即无所凭借、无我无物的逍遥自在。所有有条件的、有所凭借的所谓"逍遥"，都是对神仙真人境

---

① 贺西林先生将汉代羽人的艺术形象大致分为四类：第一类，人首人身，肩背出翼，两腿生羽；第二类，人首，鸟身鸟爪；第三类，鸟（禽）首人身，身生羽翼；第四类，人首兽身，身生羽翼。汉墓中多见的是第一类。参见贺西林.汉代艺术中的羽人及其象征意义[J].文物，2010(7):46-55,97.

② 贺世哲.莫高窟285窟窟顶天象图考论[J].敦煌研究，1987(2):1-13.

界的降格。对此,葛洪援引彭祖之言写道:"古之得仙者,或身生羽翼,变化飞行,失人之本,更受异形……有似雀之为蛤,雉之为蜃,非人道也。"①这种牺牲人体本真的成仙之道,不但是对神仙真人的降格,更是"非人道"的。这实际上是对羽人化神仙的否定与批评。在此背景下,西域传入的无羽翼、非异形的飞天形象更加符合时人对于神仙的书写和想象。就后者而言,言、象、意之辩是魏晋思想界讨论的热门话题,并形成了"寓形寄意""立象尽意""象外之意""意外之意"等以"意"为核心的美学观念。这种美学观念表现在敦煌飞天的形象创造上,就是对于"飞动"的写意彰显。其创作手法一改西域式的色块造型,使用了中国式的线条造型。流畅无碍、变化多端的线条不仅生动地描画出飞天翱翔于云天的动态轻灵之姿,还借助披肩、裙带等饰物强化了"衣袂飘飘"的飞动之意。中国飞天的形成,是中国美学观念和艺术创作手法对西域飞天进行改造和重写的结果。

逮及隋唐,敦煌飞天中国化已完成,中国飞天达到鼎盛时期。敦煌飞天表现出自由逍遥、热情奔放、气势宏大、场景华丽等特征,具有突出的世俗生活印痕。这与时代精神紧密相关。隋唐时期是一个开放包容、富庶繁华的历史时期。这种时代精神不仅是现实生活的体现,而且还投射到彼岸世界的书写和再现之中。透过这一时期的敦煌飞天,现世世界和彼岸世界、凡俗世界和天国仙界已经合而为一了。隋唐时代的人们在凡俗世界真实享有的自由欢乐、平安吉祥,恐怕是对天庭仙界、人间天堂的最大想象吧。

(二)普遍社会心理

敦煌飞天依托于敦煌石窟壁画而存在。在千年历史长河中,敦煌石窟建造和敦煌飞天艺术创造是一种普遍性的象征性表意行为。

---

① 王明.抱朴子内篇校释:卷三[M].增订本.北京:中华书局,1986:52.

"普遍性"主要指敦煌石窟的建造者遍及社会各个阶层。根据敦煌石窟碑文和敦煌遗书记载,参与敦煌石窟建造的有窟主、施主和工匠三类人。窟主就是石窟的主人,施主就是出钱出力帮助窟主建窟的人,工匠就是石窟的实际建造者。在这三类人中,有大德高僧、历代河西地区的最高长官,有社会贤达、贵族富商,还有广大的中下层僧俗百姓,敦煌石窟的建造是各阶层普遍参与的社会行为。所谓"象征性表意行为"主要是指敦煌石窟和飞天壁画是一种精神性行为。石窟虽然是建筑物,但与一般建筑物有着本质区别。一般建筑物主要满足的是人们的实用性需求,石窟则从单纯的建筑物升格为表意符号,主要满足的是人们的精神性需求。人们建造石窟,不是为了遮风挡雨,而是为了满足强烈的精神性需求。

具体来说,精神性需求主要表现在三个方面:第一,精神信仰的象征性表达。公元2世纪以后,佛教信仰在中国古代的生活世界和思想世界得到广泛传播,佛教倡导的"众生平等""永恒安乐"观念以及对于"极乐世界"的承诺,逐渐取得中国社会各阶层的认同,俘获了一大批信仰者。佛教还向信仰者提供了抵达极乐世界的救赎方式,"兴福"就是其中之一。《道行般若经》说:"所以作佛像者,但欲使人得其福耳。"[①]《妙法莲华经》说:"采画作佛像,百福庄严像;自作若使人,皆以成佛道,乃至童子戏,若草木及笔,或以指爪甲,而画作佛像,如是诸人等,渐渐记功德,具足大悲心,皆以成佛道。"[②]建窟造像、写经造幡,以及以各种方式雕刻描画佛像,不仅是为了方便他人"观佛"修行,更是为了自己"渐积胜业",以获得佛教的承诺,换取彻底的解脱。第二,祈福禳灾、祈求佑护的朴素愿望。在建窟造像、写经造幡、雕刻画像等信仰表达的背后,隐含着信仰者祈福禳灾的朴素愿望和心理,包括以自身的

---

① 道行般若经[M]//大正新修大藏经第8册 No.0224.台北:新文丰出版公司,1934:476.
② 妙法莲华经[M]//大正新修大藏经第9册 No.0262.台北:新文丰出版公司,1934:8.

信仰换取个人、家庭、家族的平安和幸福,并将这种美好朴实的愿望扩延到天下众生,以至社会安宁和国家昌盛。这在敦煌造像题记、题识、发愿文等文献资料中有集中体现。敦煌文书 S3427b《结坛散食回向发愿文》可谓发愿文的典范,其心愿是:"右弟子某甲先奉为国安人泰,社稷会昌,五谷丰盈,三农倍稔。先亡魂识,不值八难之中;过往尊亲,无历三途之地。此奉为弟子延祥益寿,灾殃不侵于己身;岁富年昌,横□(祸)无来于户侧。合家长幼,长衔鱼水之欢;内外亲姻,永保丛化之茂。"① 另外,古代敦煌是东西方往来的关隘要道,其复杂多变的地理地貌存在着很多未知的凶险。不论是从西域过来,最终到达敦煌的人们;还是即将从敦煌出发,进入西域的人们,他们面对的都是生死未卜的旅途。为了祈求佛祖神灵的保佑,人们自发性地出资开凿石窟,为佛陀造像。第三,将建造石窟作为声望地位的象征。历代敦煌地区的最高长官以及达官显贵,通过建造"家窟",彰显其声望权势,或者达到某种政治目的。北周 428 窟中的供养人画像多达 1200 余身,多为僧尼,也有不少世俗人士。马德先生认为,此窟可能是当时的建平郡公于义建造的,是出于义与其兄于寔控制当时的凉州、瓜州地区的政治需要。② 在上述精神需求的驱使下,三危山下,辽阔苍凉的戈壁大漠深处出现了越来越多的石窟,向我们诉说着一段段历史、一个个故事。

(三)敦煌飞天编码者的意义诉求

敦煌文书《塑匠都料赵僧子典儿契》讲述了这样一个事实:赵僧子是五代时期的一位高级画匠,因为房屋被水淹没,失去了住所,无奈之下,只好将未成年的儿子典卖给他人抚养。赵僧子是千千万万敦煌工匠中的典型。这

---

① 黄征,吴伟.敦煌愿文集[M].长沙:岳麓书社,1995:572-573.
② 马德.敦煌莫高窟史研究[M].兰州:甘肃教育出版社,1996:70.

是一个庞大的手工业劳动者群体,他们生活在社会底层,为衣食温饱劳碌奔忙。① 这些出身卑微的工匠,是敦煌石窟的实际建造者,他们不仅创造了美轮美奂的敦煌飞天,还借助"飞天"这个符号,寄寓了他们强烈的愿望。

为什么说"飞天"这个符号集中表达了下层工匠的愿望,而不是佛陀、菩萨呢?众所周知,佛陀、菩萨是极乐世界的权威偶像,他们的庄严法相已经形成了较为严格和固定的再现模式,不容亵渎。工匠们除了以虔敬之心,一丝不苟地塑造、描摹之外,没有多少创造和想象的空间。相比之下,飞天更能激发工匠们的创作灵感。实际情况也是如此,在飞天大流行时代,除了佛陀、菩萨的庄严法相,漫天飞舞、千姿百态的飞天更加摄人心魄,给人以强烈的视觉冲击力,使人产生心理共鸣。

那么,敦煌飞天表达了下层民众怎样的俗世愿望呢?我们认为,敦煌飞天寄寓了古代下层民众的双重愿望,就是"显在性愿望"和"潜隐性愿望"。"显在性愿望"就是对于自由、欢乐的天庭仙界的向往。这既是敦煌工匠们通过飞天试图传达的强烈信息,也是敦煌飞天给人的最直观的意义体验。这层意涵通过扑面而来的飞天形象得到了成功的再现和传播。时至今日,世界各地的人们,虽然语言不通,观念不同,但是面对敦煌飞天,大体上能形成基本一致的意义解读,那就是自由、欢乐、祥和。

然而,在这个浪漫的"显在性愿望"背后,隐藏着更为现实的"潜隐性愿望",这就是努力从凄苦无奈的现实生活中解脱的愿望。像赵僧子一样,那些一生之中都在困苦中挣扎的下层民众,内心深处涌动着强烈的渴望——从困苦中彻底解脱的渴望。但是,在古代社会,现实往往像无边的沼泽,人

---

① 根据马德先生的研究,敦煌工匠按技术分为都料、博士、师、匠、生等级别。都料是工匠中技术级别最高者,也是本行业工程的规划、指挥者。参见马德.敦煌工匠与敦煌石窟[J].上海视觉,2018(1):25-30.

越是挣扎越是陷入无底的深渊。对于在现实中无法满足的愿望,人们会选择特定的方式表达出来,以获得心灵的平衡和内心的宁静。敦煌石窟为人们提供了倾诉和表达的平台,而工匠们恰好具有出色的表达能力。因此,飞天便成为工匠们表达内心愿望的最适合的符号载体。古代画师和工匠用"飞"表达他们对精神解脱的渴望,用"飞"倾吐他们千百年来"被压迫、被屈辱、被歧视的心声"①。我们不能仅仅看到敦煌飞天传递的欢乐祥和的一面,更要看到被遮蔽的凄苦和挣扎。任何理想化表达的背后,常常隐藏着无奈和悲苦,而这两种截然相反的意义诉求,会借助同一个符号加以表达。敦煌飞天就是这样。

结　语

敦煌文化具有鲜明的文化融合特质。这一文化特质深印在其关键符号——敦煌飞天之上。通过对敦煌飞天符号形式(语词符号和图像符号)的分析可以发现,借由符号挪用、符号借用和符号兼容等不同方式,中国传统符号元素加入到敦煌飞天图像符号的构建和再现之中,形成了以中国文化符号为本、兼容佛教文化符号的中国飞天形象。但是,符号形式融合只是文化融合的外在表征,文化融合的本质和核心是思想观念、价值取向和行为方式的融通。在中西文化的交流交往中,思想观念、审美观念等渐趋融合,这是敦煌飞天形式融合的决定性因素。同时,普遍社会心理、敦煌飞天编码者的双重愿望等因素进一步促成了价值观念的散播与流布,其间蕴含的对脱离现实苦难、获得精神解脱的渴望,对自由安乐、平安幸福生活的向往,以及对真善美的追求,通过敦煌飞天这一关键符号得以集中地、象征性地表达。

---

① 傅强.论敦煌飞天艺术之美[J].装饰,2004(1):18-19.

敦煌飞天是敦煌文化融合的缩影。

在新时代场域下,敦煌飞天广泛出现在现代歌舞、壁画、工艺品、城市雕塑、商业命名等方面。在智能传播时代,借助数字媒体技术和移动互联平台,敦煌飞天通过各种艺术形式和媒介载体得到广泛传播。敦煌飞天脱离了浓厚的宗教语境,从天国仙界降落人间,成为艺术美的象征和文化交流传播的使者。敦煌飞天显示的积极进取、昂扬向上的姿态,与时代精神契合,成为民族复兴、经济腾飞、百业兴旺的象征。同时,敦煌飞天的所指意象,与普遍的社会心理相契合,成为民众表达自由、欢乐、祥和等美好愿望的关键符号。敦煌飞天的当代意义转向是需要进一步研究的课题。

专栏：年度案例

2020年跨文化传播事件评析

◈ 跨文化传播研究小组*

摘　要　本文从六个维度分析和反思2020年度跨文化传播事件，分别为：跨文化符号传播与互动、群体间跨文化冲突、跨文化共情传播、文化身份的跨文化沟通、跨文化传播中的误读和抵制、名人文化的全球传播。其中，文化差异与理解、文化认同、种族歧视与文化冲突等问题依然存在，而全球性的疫情传播与平台化的跨文化传播则形成了新的观察点。我们认为，新冠肺炎疫情的全球性

---

* 本文系武汉大学跨文化传播研究中心每年整理分析的年度事件评析，2013年，单波教授首次发起年度跨文化传播事件评析，研究范围涉及全球跨文化传播事件。本文由肖珺教授指导，跨文化传播研究小组共同撰写。全文由武汉大学新闻与传播学院2019级硕士生李龙腾统稿，案例分析作者分别为张玮、吕澄欣、唐一鑫、韦小婉、郭苏南、姚和雨、毛汶真、陈慧琦、高雪桐、李龙腾、韦钰、闻叶舟。刘煜洲、王宵静亦对本文有所贡献，特此致谢。

大流行将跨文化传播置于更深的不确定性之中,同时也凸显了新型全球化转换过程中跨文化传播的重要性。疫情和非疫情交织中的世界苦难要求人们更加注重反思偏见、超越自我中心,朝向互惠性理解中的信任建构而努力,从而携手克服人类所面临的危机与困境,重建疫情后的全球交往。

关键词 跨文化传播;疫情传播;文化冲突;共情传播;名人文化

The Review of Intercultural Communication Events in 2020

Abstract This article analyzes and reflects on the intercultural communication events in 2020 from six dimensions: intercultural symbol communication and interaction, intercultural conflict between groups, intercultural empathetic communication, intercultural communication of cultural identity, misreading and resistance in intercultural communication, and global communication of celebrity culture. Among them, problems such as cultural differences and understanding, cultural identity, racial discrimination and cultural conflict still exist, while the pandemic of COVID-19 and the platformization turn in intercultural communication provide new observation points. We believe that the global pandemic of novel coronavirus pneumonia will put more uncertainties into intercultural communication, and also highlight the importance of intercultural communication in the process of new globalization. The world suffering in the interweaving of epidemic and non epidemic requires people to pay more attention to reflecting on prejudice, surpassing self-centered, and towards the construction of trust in reciprocal understanding, so as to work together to overcome the crises and difficulties faced by mankind and rebuild the global communication in the post epidemic era.

Keywords intercultural communication, global pandemic, cultural conflict, empathic communication, celebrity culture

2020年，当人类的全球交往仍然深陷于区隔和撕裂时，新型冠状病毒却轻而易举、颇为反讽地越过了由种族、民族、性别、文化身份等划定的想象的边界，迅速在全球传播与扩散，将人类社会整体性地置于巨大的危机中。面向"边界"而思的跨文化传播再次被不确定性所笼罩。如何超越自我设界，通往主体间、群体间、语言间、文化间的自由交往之境，依然叩问着每一个跨文化传播的实践者和研究者。

基于此，本文聚焦2020年全球发生的跨文化传播事件，记录并分析人类跨文化传播的困境、希望和努力。跨文化传播研究小组经过多次讨论，最终选取12则跨文化传播事件。本文从6个维度分析和反思这12则年度事件，分别为：跨文化符号传播与互动（如"口罩"的媒体呈现分析、蒙古赠送中国3万只羊）；群体间跨文化冲突（如美国乔治·弗洛伊德事件）；跨文化共情传播（如歌曲《一剪梅》海外流行、"黑人抬棺"视频全球走红、《瑞恩的平安日志》被广泛关注）；文化身份的跨文化沟通（如漫画中的"韩服汉服之争"、迪士尼真人版《花木兰》争议、BBC纪录片《杜甫》讨论）；跨文化传播中的误读和抵制（如"取消文化"思潮的出现）；名人文化的全球传播（如科比坠机事件、马拉多纳逝世事件）。后文我们将按照跨文化传播的主要维度，对相关案例进行简要分析。其中,有 3 个案例将以单篇进行深描,读者可详阅《跨文化传播研究》的相关论文。

一、跨文化符号传播与互动

案例 1

跨文化符号的多重意义空间:口罩的媒体呈现分析

2020 年初,新型冠状病毒的蔓延引发波及全球的严重疫情,口罩作为密集织物材料,具有阻隔病毒的效果,成为各国媒体疫情报道的关键议程。出于口罩防护效果有待验证等原因,西方国家直到疫情进一步发展和医学观点明确后,才要求民众佩戴口罩。但多国民众随即举行游行抗议。[①] 东亚国家的民众在疫情初期就较为积极主动地佩戴口罩,与西方社会形成鲜明对比。东西方对佩戴口罩的不同态度,关联着各自的文化背景和社会心理,要想在口罩议题上达成相互理解,就要考察跨文化语境下口罩所呈现的不同意义。

口罩(mask)在西方语境中更多被理解为"面具",被视为"顺从、服从、管制和被操纵的象征";由于没有佩戴口罩的习惯,人们也会更强调佩戴口罩"阻碍交流""不舒服"。口罩作为医疗物品被发明,但由于它能遮盖面部,使个体脱离特定身份,因此又与西方历史悠久的"掩面物"传统相结合。公民通过口罩等掩面物隐匿在人群中,逃脱主体责任并反抗政府的监视与控制,例如伦敦、柏林等地的艺术家和运动人士通过"脸部迷彩"(dazzle)这一反监

---

① 这些游行常伴随着其他政治诉求,有时难以理清。比如《卫报》评论德国声势逐渐浩大的抗议"古怪零星"且"原因不明"。

视的技术策略,表达对城市人脸识别技术的抗议。① 西方多国曾颁布禁止蒙面法以维护公共安全和秩序,这也进一步使口罩与不确定性、不安全甚至暴力相关联。因此在抗议游行中,口罩逐渐成为运动的媒介物。例如在弗洛伊德事件引发的抗议中,人们将"I can't breathe"(我无法呼吸)和"Black lives matter"(黑人的命也是命)印在口罩、旗帜和海报上,将其作为情感纽带聚集参与者②,并形成自我与他者、抗议者和监管者之间的身份划分。总之,口罩在西方语境下可能与社会运动相勾连,并成为自由与控制的媒介物和象征物,甚至进一步与权力合法性和正当性的话语博弈相关联,这些因素都构成了口罩争议的深层文化背景和社会心理。

而在东亚,由于经历过非典疫情,口罩使用已经"社会化",成为不少家庭的必备品,同时东亚社会的政府、医学界和民众基本达成了口罩能够有效控制疫情的共识,因此出于保护自己和他人的想法,人们愿意佩戴口罩出行。对于"口罩"的东西文化差异,许多新闻媒体呈现着定型化或简化的理解,未能更进一步达成相互理解。西方媒体往往将医学分歧追溯到东方和西方的集体主义与个体主义的文化差异维度,体现了理解他者的定型化思维方式;而中国媒体常常简略或忽略西方社会的医学讨论,以及背后深层的

---

① TAPPER J. Hiding in plain sight: activists don camouflage to beat Met surveillance. [EB/OL].(2020-02-01)[2020-06-14]. https://www.theguardian.com/world/2020/feb/01/privacy-campaigners-dazzle-camouflage-met-police-surveillance.

② SOPHIE S.When fashion speaks: slogan t-shirts give way to political face masks[EB/OL].(2020-04-02)[2020-06-14]. https://www.crfashionbook.com/fashion/a32804002/slogan-t-shirts-political-face-masks/. 报道指出,抗议期间,印有标语的T恤衫或口罩是团结的标志,并可以通过共享的图像引发围绕活动的进一步对话。无论是否大声说出这些字,口罩都会为你说出来。当看到一个人佩戴写着"为乔治·弗洛伊德的正义"的口罩的照片时,这个人的立场清晰可见。它使人们意识到这个问题,然后可以将这种传播的力量导向煽动真正的政策变化。

社会文化语境。

以自我文化的单一视角报道和理解他者,难以使不同地方的人们理性认知口罩背后的文化差异。例如中国民众可能很难理解不戴口罩行为背后的多种原因,因而将报道中的西方民众视为个人主义至上的、自私的、无理性崇拜自由的他者;而随着疫情发展,西方社会也逐渐意识到佩戴口罩对阻遏病毒传播的重要性与讨论戴口罩是否必要的荒谬性[1],媒体报道中减少了个体主义与集体主义文化差异的抽象表达,更加强调医学共识以及口罩的实际作用。

除此之外,口罩的媒介表征差异还体现在名人报道中。西方有其特定的名人文化,其中,明星在为消费者提供奢华、休闲的生活方式幻想中融入情感力量,政客通过有效利用娱乐行业的名人文化资本增强其个人辨识度,这种名人文化与个体主义哲学以及资本主义社会紧密相关。[2] 因此西方媒体的口罩议题,也多与时尚行业、明星和政客的动态相关。在中国语境下的口罩议题中,报道对象被设定为牺牲自我、奉献大家的典型个人,例如在疫情中身负重任、作出贡献、普通但不平凡的医务工作者,尤其是女性医务工作者,相对于西方媒体,其报道焦点不在于口罩的花样、款式,而在于凸显医务人员在工作中忍受不适的坚毅精神。小小的口罩,折射出不同社会民众的符号认知差异与多元的意义解读空间,而多维度透视跨文化语境中的社会文化心理,是世界各地的人们通往自由交流与相互理解的必经之路。

---

[1] HORTON A. Jimmy Kimmel on face mask fights:"This is the dumbest standoff ever"[EB/OL].(2020-05-27)[2020-07-04]. https://www.theguardian.com/culture/2020/may/27/jimmy-kimmel-masks-coronavirus-standoff.

[2] MARSHALL P D. Celebrity and power: fame in contemporary culture[M]. Minneapolis:University of Minnesota Press,2014:185-200.

案例 2

礼物中的跨文化符号互动:蒙古赠送中国 3 万只羊

2020 年 2 月 27 日,蒙古国总统哈勒特马·巴特图勒嘎在访问中国时,表达了向中国赠送 3 万只羊的心意,以支持中国抗击新冠肺炎疫情。2020 年 11 月 13 日,最后一批捐赠羊抵达中国。在此期间,中蒙多家媒体持续报道了这一事件,在新闻报道、民众讨论的过程中,礼物"羊"的符号意义不断被传递、解读与改写,"羊"从自然美食扩展到文化象征,在不同语境中被诠释为"慷慨待客""中蒙深厚友谊"等多种意义。此次赠礼在中蒙民众中引起热烈反响,两个国家间也完成了一次效果良好的"绵羊外交"。

跨文化符号传播的关键在于传播和接受双方能够对符号有"约定性"的理解,从而建构起共通的意义空间。蒙古国向中国赠"羊"的良好效果不仅来自于羊的实用性,更基于两国对"羊"这一文化符号的共通理解。蒙古人世居草原,以畜牧为生,草原牧民存在"亲畜"心理,尽管这种生存方式如今被弱化,但仍被视为蒙古国的标志;羊在蒙古国文化中寓意真诚和热情,羊浑身是宝,是待客送礼的最佳选择,体现着蒙古国的文化特色。"羊"这一文化符号同样在中国文化里扮演重要角色,出土的羊陶、青铜礼器和甲骨文中的"羊"字,体现着古代中国对羊的崇拜。在先秦文化中,羊被当作沟通天和鬼神的灵物;在摆脱原始图腾崇拜的意味后,羊作为祭物,蕴含着人们对六畜兴旺的期盼[1];在儒家文化中,作为传统献祭圣物的"羊"被赋予了道德象征,如《论语·八佾》:"子贡欲去告朔之饩羊,子曰:赐也,尔爱其羊,我爱其

---

[1] 黄杨.中华民族是"羊的传人":申论古代中国"羊文化"的历史存在[J].华侨大学学报(哲学社会科学版),2005(3):80-86.

礼","羊"上升为礼的代表。①

对于接受一方,中国民众对蒙古国赠"羊"的解释是积极、多元和丰富的,除了传统文化语境下对"羊"符号的解读外,还将富有创造性的联想融入其中,形成贴合日常语境的新意涵,实现了意义的延伸。例如媒体以"冬日暖阳""三阳开泰"为题,将"羊"谐音为"阳",寓意疫情寒冬之后的暖春的到来,给"羊"符号赋予了新的修辞情境,延伸出"冬日暖羊""爱心羊""'天虽冷,心已暖',好邻居的'暖羊羊'已收到"等表达,在符号的解读和再创造中,国家间、民族间的情感互动得以承载和表现。湖北民众还利用羊肉和当地丰富的淡水鱼水产做出了"鱼包羊"特色菜品,融合两地的食材,引发了网上美食话题的热门讨论,建构了中蒙两国睦邻友好、相互合作的隐喻。

礼尚往来是礼物文化的重要传统,回赠礼物是其中重要一环,由此产生的文化符号互动,促发着意义的延展和交流的可能性。作为3万只羊的回礼,中国湖北回赠蒙古国青砖茶2万份和湖北采花宜红茶2000份,这些回礼充分考虑到蒙古族对砖茶的喜爱,也契合其"吃羊肉、喝热茶"的饮食习惯,实现了"羊来茶往""投羊报茶"的良好互动。人们在"羊"和"茶"的符号互动中,看到了两个邻国的历史渊源、文化交流和互惠合作的可能。由蒙古国"羊"的赠礼开始,到中国回赠的传统礼物"茶"以及蒙古国急需的医疗物资等,延续了"羊"这一文化的符号寓意和现实意义,将中蒙文化置于不同文化历史的对视中,实现跨文化的交流与合作,增进两国民众的友好互动。

虽然中蒙两国对于"羊"的解读存在一定差异,但两国对"羊"都有着正面、积极的理解框架,从共同的美食认知到深层次的文化感受,人们可以通过相通之处建构文化符号对视的基础。蒙古国运用"羊"符号来表达一种无

---

① 邱晔.中西"羊文化"研究[D].北京:中央民族大学,2011.

须直言的意义,传达了传播者的意图,也得到了中国民众丰富多元的释义,为两国的跨文化交流架起了一座桥。实现较为理想的跨文化交流需要创造更多的认同空间,利用文化符号的一致性来减少交流障碍,扩大沟通空间,同时要意识到,重要的不仅是文化符号本身,更是文化符号诠释互动带来的新的可能性。如果文化符号能够在差异与相通之间相互对视,并在符号流动、互动和创造中,凝结生成新的理解和意义,并融入持续的跨文化交流中,便能够为交流增加更多活力和可能性,促进理想的跨文化交流的实现。

二、群体间跨文化冲突

案例 3

"我无法呼吸":"弗洛伊德之死"事件报道的跨国分析

2020 年 5 月,美国黑人男子乔治·弗洛伊德(George Floyd)因疑似使用假钞购物被白人警察德里克·肖万(Derek Chauvin)逮捕。肖万单膝跪在弗洛伊德脖颈处超过 8 分钟,其间弗洛伊德不断说"我无法呼吸"(I can't breathe),随后死亡。现场视频在社交媒体上广泛传播,引发社会强烈不满。弗洛伊德之死点燃了美国民众的怒火,激起"黑人的命也是命"(Black lives matter,缩写 BLM)抗议活动,美国警察与民众之间的对峙以及暴力冲突在全美蔓延。抗议活动随后也蔓延至欧洲、南美洲、亚洲,还有弗洛伊德祖先曾生活的非洲,以声援美国抗议者、谴责种族歧视。

一时间,"弗洛伊德之死"事件成为各国媒体的焦点,弗洛伊德的遗言"我无法呼吸"以其直击人心的力量成为 BLM 抗议活动中的标志性口号,被媒体广泛引用。口号可以被视为行动的象征性理由①,它们的感知意义往往很难被掌握,其影响和刺激也会因个人和团体而异;但也正是符号的模糊性使它们在人类社会中如此有用,使人们能够不断为之注入新的意义。在各国媒体的发声中,不同媒体呈现出对种族主义的语境化、差异化的理解,媒体对"我无法呼吸"口号的引用具体反映了这些认知差异。

在加拿大、南非,几乎在同一时段发生了与"弗洛伊德之死"类似的事件,对这两国而言,解决不同族裔的系统性不平等问题同样迫在眉睫。2020年4月,一个名叫柯林斯·科萨(Collins Khosa)的南非黑人经历了与弗洛伊德一样的暴力。他因"违反隔离规定"被南非警察和士兵殴打致死,而南非法院却在未向科萨的亲人和目击者证实的情况下宣布"内部调查结束"。5月,加拿大蒙特利尔市一名非裔女子跌出家中阳台,坠楼身亡,当时警方正在其家中处理一起"家庭纠纷",抗议者呼吁对这一事件展开调查。因此,这两国媒体对弗洛伊德之死的媒介呈现,在一定程度上也与本国种族问题的背景相关联。

比较加拿大《环球邮报》与南非《星报》对"我无法呼吸"的引用,两家媒体都突出了以下 6 个框架。(1)批评框架:在弗洛伊德被警察压制在地的场景描写中,报道引用了"我无法呼吸",使被扼住脖颈无法呼吸的弗洛伊德与滥用暴力的警察形成对立,弗洛伊德的悲惨脆弱与警察的冷漠残酷形成强烈反差,凸显警察暴力问题的严重性,成为批评美国警察制度的鲜活而又直击人心的例证。(2)指代框架:在提及其他非裔人士遭警察暴力对待导致死亡的事件时引用"我无法呼吸",将"黑人被警察'迫害'"与"我无法呼吸"画上等号,这句口号成为同类事件的代名词。(3)反思框架:通过报道弗洛伊

---

① DENTON R E. The rhetorical functions of slogans: classifications and characteristics [J]. Communication quarterly, 1980, 28(2):10-18.

德之死,将视域转移到本土,反思本国的种族歧视现象。《环球邮报》将弗洛伊德的"我无法呼吸"与遭到加拿大皇家骑警暴力执法的因纽特人的"我无法呼吸"并置,暗示执法人员对少数族裔的歧视是超越国别的普遍现象,矛头直指普遍存在的警察系统中的种族主义。《星报》同样将目光转向科萨事件,尽管该事件尚未得出最终结论。(4)质疑框架:从作为抗议运动口号的"我无法呼吸"切入,质疑 BLM 运动中的不同种族民众是否真的能够"同呼吸,共命运",是感同身受还是表演作秀,以此突出事件的复杂性。(5)隐喻框架:将"无法呼吸"用作隐喻,以生理层面上的窒息喻非裔人士在生活中遭受的系统性歧视,是生存机会、个人价值实现方面的受挫。(6)共情框架:在抗议运动中,"我无法呼吸"成了游行参与者表达愤怒的标语之一,被做成横幅或印在 T 恤衫上,以表达他们的共情体验,使之成为呼吁刑事司法系统变革的支点。

《星报》的报道中还呈现出更丰富的框架形态。如反对框架:在总统竞选的语境下,美国抗议运动的参与者高呼"我无法呼吸",以之作为反对特朗普及其支持者的口号,同时也是对特朗普"暴民"指责的回应。民权框架:报道民众庆祝废除奴隶制的游行时,"我无法呼吸"被代入历史语境,醒目的标语提醒着黑人民权运动尚未实现其目标。从空间范围上看,以"我无法呼吸"为口号,美国、法国、澳大利亚及南非的类似事件都被纳入争取民权的话语框架之中。除了公民的民权(civil rights)表达诉求之外,报道中也呈现了人权(human rights)的话语框架:"呼吸"是人生而具有的权利,不应为了种族、性别、性取向或其他信仰的不同而被剥夺,人类的多样性值得被尊重。

值得注意的是,虽然从文本分析来看,《星报》对这一事件似乎呈现了更丰富的维度,但也可以看到,《星报》上相关报道大多转载自路透社、《华盛顿邮报》等英美新闻机构,缺乏原创性报道。即使南非刚刚发生了柯林斯·科萨死亡事件,相关内容也只被一笔带过,较少从弗洛伊德之死联系到本国种族问题。与之相比,加拿大媒体呈现了更多原创性报道与本土反思。

要解释这种差异,不得不考虑两国的社会历史语境以及媒体自身的结构处境。直到20世纪90年代之前,南非仍是世界上种族主义最顽固的堡垒,南非当局以法律形式推行世界上最极端、最完备的种族隔离制度。[①] 随着种族隔离制度的结束,南非的政治制度得以转变,但种族主义意识形态的改变却相对缓慢。种族主义仍然渗透在南非的真实生活中,南非社会仍旧要与残留的、侧面的种族主义作斗争。南非的新闻媒体更是不同意识形态和政治阶级、种族以及基于政治的利益的多元混合,不同种族媒体可能存在着分裂,并且充满相互猜疑[②],由此使得其报道中引用和转载较多,原创报道与本土反思相对较少。而在加拿大,相对开放的移民政策为来自不同国家的移民提供了保留文化差异和促进民族融合的社会条件,多元文化主义已成为加拿大民族关系中的主流意识形态[③],这为加拿大媒体在种族议题上的反思提供了支持。

三、跨文化共情传播

案例4

《一剪梅》走红海外:音乐跨文化传播中的共情空间

2020年1月6日,一名叫"中国蛋哥"的网友在雪地里演唱了歌曲《一剪

---

① 余建华. 南非种族隔离制度的兴废[J]. 史林,1997(2):95-101.
② MANZELLA J. The star's first draft: a news organization revises the next narrative of race in post-apartheid South Africa[J]. Culture & organization, 2008, 14(3):261-277.
③ 高鉴国.加拿大多元文化政策评析[J].世界民族,1999(4):30-40.

梅》("雪花飘飘北风萧萧"),并将其发布在快手短视频平台上。5月16日,网友Goated Beats将"中国蛋哥"的快手视频搬运到了YouTube上,随后越来越多的YouTube网友对《一剪梅》歌曲进行二次创作,将其与嘻哈音乐、放克音乐或电影片段混搭在一起[1],在Twitter和TikTok等全球社交媒体平台上广泛流传[2]。许多海外网友翻唱"雪花飘飘北风萧萧",并对其进行多元解读。华裔家庭中的年轻人写下几句中文让父母念出来,而几乎所有父母念到最后一句"雪花飘飘北风萧萧"时都无法正常朗读,而是不由自主地唱出来,这让"父母们无法念出'雪花飘飘北风萧萧'"话题再次席卷社交网络。[3]

《一剪梅》在海外意外走红,无形中推动了中国文化的跨文化传播。通过分析YouTube上10个高播放量的相关视频及每个视频下的前100条热评,笔者发现《一剪梅》走红的关键传播推动力在于音乐所提供的共通情感空间。在YouTube平台上网友的热门评论中,情感倾向整体是偏积极的,大多是表达对视频中演唱者的赞美、对歌曲本身含义及意境的赞美、分享自己听完歌曲后的感受,其情感高频词包括love(120次)、like(71次)、喜欢(30次)、爱(47次)、beautiful(88次)、美(55次)、good(38次)、great(24次)、好听(26次)、amazing(25次)等。

音乐给网友的跨文化共情提供了空间,这首歌曲舒缓轻柔的旋律以及

---

[1] LIU Yukun. Chinese Apps' memes spin success[EB/OL]. (2020-07-06)[2021-02-05]. https://global.chinadaily.com.cn/a/202007/06/WS5f028879a310834817257651.html.

[2] CHIU K. How a hit Chinese song from the 80s became a global meme[EB/OL]. (2020-06-16)[2021-02-05]. https://www.scmp.com/abacus/tech/article/3089256/how-hit-chinese-song-80s-became-global-meme.

[3] 优作.《一剪梅》走红欧美,是偶然也是必然[EB/OL]. (2020-06-18)[2021-02-05]. https://www.bjnews.com.cn/detail/159247000115588.html.

相关的视频画面唤起了网友的多重情感,有网友在观看YouTube上的《一剪梅》歌曲视频时联想到甜美的爱情、童年的美好回忆,有网友从中感受到中国诗词的优美,还有华人网友被唤起浓浓思乡情。如在对"爱情"的联想方面,网友Carol Du认为"这首歌的歌词很美,描绘了从野性的浪漫中萌发出的爱情形象"。网友Panagiota Grigori则评论说:"我不知道为什么我听这首歌的时候会哭,我真的很喜欢这首歌,它唤起了我的很多情绪。听这首歌的时候,我的脑海中浮现出一个故事:中国的人行道上飘落着粉红色的花朵,在路上行走着相亲相爱的人们。我喜欢各个文化和国家,我讨厌种族主义,我们人人平等,请友善对待身边的人。"即使有的人对歌词不够了解,也可以感受到歌曲中传达出的意境很美。如日本网友zakomaster holleywood评论道:"歌词像中国诗词一样优美";网友Chinese Relax Music评论说:"不知道人们听到的感觉和感受是什么。我沉浸在了一片武侠世界的爱恨情仇当中。好美的琴声,好浪漫温柔的画面。"还有海外的华人网友在听完歌曲后被唤起思乡情,如网友chunfai ma评论说:"她(视频中歌手)的声音温暖而又触手可及,触动着我的每一根神经……怀念祖国,很遗憾在异乡。"《一剪梅》歌曲的走红还激起部分外国网友了解中国、学习中国文化的热情,同时也有中国网友表达了对中国文化输出海外的自豪感。

《一剪梅》这首老歌能在海外走红也与迷因(meme)紧密相关。"meme"一词源自英国著名科学家理查德·道金斯(Richard Dawkins)1976年出版的《自私的基因》一书,现今已得到广泛传播。[①] 在互联网环境下,迷因多指通过模仿和复制而传播的数字形式的文化片段。通常情况下,互联网迷因

---

① 郭菁.文化进化的meme理论及其难题[J].哲学动态,2005(1):54-56.

形式比较稳定,易于记忆和模仿,能够实现病毒式传播。[1] 尽管不懂歌曲中"雪花飘飘北风萧萧"的真实含义,但是很多网友会用此表达自己身处低谷、悲怆凄凉的情绪,在抖音上形成迷因,掀起一股模仿热潮。YouTube 上观看《一剪梅》视频的很多外国观众,都是因为迷因而来,"meme"一词在评论中出现了约 43 次。

《一剪梅》歌曲的海外走红,给中国文化跨文化传播带来很多启示。首先,为减少和消除文化折扣,跨文化传播须注重对普遍价值的书写,找到不同民族国家之间的共通之处,如家庭、爱情、婚姻、亲情、友谊等人类共同的情感,善恶、生命、死亡、毁灭等人类共有的问题。[2] 其次,创新跨文化传播的形式,善用国际通用的视听语言,如音乐。相比语言,音乐更能将多名听众的同时体验整合到一个集体的交际互动中[3],在集体的互动中,人们可以通过音乐更深入地了解自己、展示内群体,也可以通过音乐去了解和接受外群体[4]。最后,跨文化传播可以将文化"熟悉感"(familiarity)和"新奇感"(novelty)相结合,为受众欣赏异文化带去审美愉悦。熟悉感和新奇感是影响用户跨文化媒体消费的重要因素,文化熟悉引发享受,文化新奇引发兴趣。人们在欣赏熟悉的文化产品时,不需要过多的认知资源就可以理解,会产生理解的快感进而带来享受;人们在接触陌生的符号、角色或故事情节时会经历认知挑战,但如果最终能理解,那么他们会觉得具有文化差异的外国文化娱

---

[1] 张亮,杨闪,张頔.互联网迷因传播的实证分析:以 57 个网络流行语为例[J].情报理论与实践,2016,39(12):81-85.
[2] 李小丽.华语电影的跨文化传播策略[J].当代传播,2010(3):40-42.
[3] CROSS I. Music and communication in music psychology[J]. Psychology of music, 2014,42(6):809-819.
[4] GILBOA A, YEHUDA N, AMIR D. Let's talk music: a musical-communal project for enhancing communication among students of multi-cultural origin[J]. Nordic journal of music therapy, 2009, 18(1):3-31.

乐产品很有趣。①

案例5

"黑人抬棺"视频的全球流行:人类生死观的情感共鸣

当各国笼罩在疫情死亡阴影之下,人们面对着病毒所带来的死亡恐惧和焦虑时,来自非洲加纳的"黑人抬棺"在全球流行起来。2020年2月26日,TikTok用户@lawyer_ggmu发布的一则"黑人抬棺"短视频意外走红网络。② 像许多恶搞视频一样,其将一段滑雪失误的视频与"黑人抬棺"视频剪辑在一起,表达滑雪者受到的"致命"伤害。随着新冠肺炎疫情的全球爆发,与"黑人抬棺"相关的恶搞视频、表情包和流行语在Twitter、Instagram、YouTube等全球社交平台,哔哩哔哩等国内社交平台大范围流行,并获得了新的含义,除代表"死亡警告"外,还被用以告诫人们遵守隔离措施③。世界多家主流媒体报道了"黑人抬棺"的走红,时任美国总统特朗普也使用了"黑人抬棺舞"视频来讽刺其竞选对手拜登。"黑人抬棺"获得全球性关注。

在视频背后,其实是不同文化中的人们对生死观的关切和情感共鸣。丧葬仪式作为死亡文化的操作形态,传递着社会文化的某一精神,并直接反映出文化间生死观的差异。"黑人抬棺"视频中呈现的是非洲加纳独特的丧

---

① BAEK Y M. Relationship between cultural distance and cross-cultural music video consumption on YouTube[J]. Social science computer review, 2014, 33(6):730-748.

② 王雅林,徐缓."黑人抬棺"全网爆红背后 创始人:有点恐慌,太过突然[EB/OL].(2020-04-26)[2021-06-04]. https://baijiahao.baidu.com/s?id=16650191930886627324&wfr=spider&for=pc.

③ PAQUETTE D. The sudden rise of the coronavirus grim reaper: Ghana's dancing pallbearers[EB/OL].(2020-04-24)[2021-06-04]. https://www.washingtonpost.com/world/africa/the-sudden-rise-of-the-coronavirus-grim-reaper-ghanas-dancing-pallbearers/2020/04/24/1e326d88-8421-11ea-81a3-9690c9881111_story.html.

葬仪式和文化,加纳人对死亡持一种更加开放的态度,几乎将死亡主题融入了日常生活。在葬礼上抬着棺材跳舞在中西方都是一件前所未闻的事情,这也使得"黑人抬棺"凭借其文化独特性在中西社会引发关注。

随着科学精神的普及,人类对天堂和地域、灵魂和来世的信念已经逐渐崩塌,但传统的生死观念仍然或多或少地刻在民族文化基因之中,文化间虽然生死观迥异,但其本质都在于:超越死亡[①]。超越死亡是为了冲淡对死亡的恐惧,让生命在某种层面上得以延续。新冠肺炎是全球性的危机,任何不去看、听或讨论的传统禁忌已经不足以消弭其带来的死亡焦虑,"黑人抬棺"以另类的方式冲淡了这种焦虑,尽管引发了一些生死观的冲突,但不可否认的是,它激发着一种超越文化边界的情感共鸣,启示人们以一种积极乐观的方式来看待死亡、超越死亡,并重新审视生命的价值。

关于本案例的深描请详阅《跨文化传播研究》的相关论文。

案例 6

《瑞恩的平安日志》:在华美籍教师疫情叙事中的文化传播能力分析

《瑞恩的平安日志》(*Viral Videos with Ryan*,以下简称为《日志》)是在华美籍教师詹姆斯·瑞恩·诺顿(James Ryan Nolton)于中国国内新冠肺炎疫情最为严重的一段时期创作的系列视频网络日志(Vlog)。瑞恩是一位在中国高校任教的美国人,2020年春节前到北京访友,却因为突如其来的疫情被迫滞留,这使得他远在美国的父母非常担忧。为了告慰亲朋好友,瑞恩决定拍摄短视频,以第一视角的记录来分享自己在疫情期间的生活日常,并帮助全球网友理性、冷静、科学地看待这次危机,消除不必要的误解和恐慌。从2月2日开始,截至4月14日,《日志》总计连载了15期,每期视频时长5

---

① 王夫子.殡葬文化学[M].长沙:湖南人民出版社,2007:189.

分钟左右。视频记录了瑞恩最真实的生活状态,包括观看新闻、居家办公、出门采购、乘坐地铁等日常场景;也展示了一些特殊际遇,比如瑞恩向家人介绍中国的防疫经验、参与北京市民自发举办的公益捐赠活动,以及采访驰援武汉的医生好友。

《日志》收获了海内外网民的广泛关注。截至 2020 年 4 月中旬,国际互联网平台的总观看量已超过 630 万人次[1],评论累计上万条,国内全网累计播放量突破 1000 万。《日志》也成为多家主流媒体和网民热议的对象,人民日报客户端、澎湃新闻、爱奇艺、腾讯视频、哔哩哔哩等媒体平台进行了转载和首页推荐,有媒体评价《日志》为"美国教师镜头下最真实的'抗疫中国龙'"[2]。

良好的传播效果来自于多种因素的影响。首先,传播主体是一切传播活动展开的起点,瑞恩的文化身份为《日志》在不同文化之间的共情传播提供了助力。对于西方国家的观众来说,高大威猛、使用英语、白皮肤的瑞恩无疑就是他们内群体中的一员,是相同文化的"自己人";对于国内或非西方国家的观众,纵使语言、肤色、文化背景上存在差异,但这个在画面中展现自己平凡生活,将自己的经历娓娓道来的美国公民,更像是一个"讨悦的陌生人",观众与瑞恩之间形成一种"既亲密又陌生,既不确定又认同的混合关系"[3]。无论对于内群体的观众还是外群体的观众来说,瑞恩身上所承载的群体身份和跨文化身份,都有助于搭建起沟通和理解的情感连接,实现内容

---

[1] 用短视频对外讲好抗疫故事的思考:从《瑞恩的平安日志》谈起[EB/OL].(2020-04-28)[2021-06-14]. https://www.sohu.com/a/391874930_120148580.

[2] 美国教师镜头下最真实的"抗疫中国龙"[EB/OL].(2020-03-09)[2021-06-14].https://user.guancha.cn/main/content? id=258217&s=fwzwyzzwzbt.

[3] 曹艳.跨文化交往视域下"陌生人"研究的历史变迁[J].现代传播(中国传媒大学学报),2017(3):162-163.

的有效传达。

除了传播主体的跨文化特质以外,《日志》的叙事策略和视觉语言运用也表现出自身的跨文化传播能力,而这一能力关乎不同文化背景的人们能否在全球化社会中成功地展开交往活动。在网络社会和全球化日益加深的当下,跨文化传播能力被陈国明等学者重新表述为全球传播能力,主要包含四个方面:全球思维方式、自我展现、文化描绘和交际校准。①

第一,作为全球传播能力的基础,全球思维方式意味着对不同文化及其差异在认知层面上的理解与尊重,以及积极地消弭和调节跨文化传播过程中所遭遇的冲突与变化的能力。在视频主旨方面,《日志》从初期生活境遇的自述逐步转向对国际形势的关注,瑞恩为此广泛搜罗了许多国家的疫情报道,更从人类共同体的高度出发,反思一些国家尚存的政党斗争问题。第二,自我展现的能力主要体现为通过想他人所想、感他人所感,获得与对方共享的传播信号并将自我投射到对方的心目中。良好的自我展现代表着一种更高程度的移情能力,有助于营造跨文化传播互动过程中的和谐氛围。无论是标题设置还是回答网友提问,瑞恩始终保持对话意识和温暖的语态,"我们"在字里行间的多次流露不知不觉地将观众拉入到自己的生活场景中,极大缩短了与之相处的社会距离。第三,文化描绘能力是对自身及他人的文化进行描绘的认识能力,能够从他文化的角度正确理解文化间的差异和共性,预示着一种积极的文化意识。例如瑞恩会引用"滴水之恩,当涌泉相报"的中国俗语来解读中国向邻国回馈抗疫物资、互帮互助的故事:"今天,我见证了这个国家滴水之恩当涌泉相报的传统美德。"②第四,交际校准

---

① 陈国明,赵晶晶.论全球传播能力模式[J].浙江社会科学,2006(4):131-139.
② 大胡子叔叔Ryan.瑞恩的平安日志|疫情期间国际互帮互助的温暖瞬间[EB/OL].(2020-03-09)[2021-06-14]. https://www.bilibili.com/video/BV1ME411j7M4.

要求在全球的语境中对复杂的意义进行灵活的协商讨论,并对复杂情况和矛盾冲突加以掌控。面对出入公共场合需要强制测温的要求,瑞恩从亲身体验出发,通过展现自己从不适到安心的态度转变完成了跨文化传播中交际校准的过程,进一步为实现向观众的跨文化说服奠定基础。

《瑞恩的平安日志》是个体叙事在全球范围内实现共情传播的典型案例,但需要认识到,跨文化传播本身作为一项主体间的交往活动,受传播主体的复杂性以及传播过程中的不确定性的影响,难以归纳出一套可供完全复制的模板。《日志》不携带既定的国家立场,它首先是来自个体的声音,其次才是一种掺杂了诸多时难、文化基质的社会性叙事,对跨文化传播的共同理解而言,最好的方式仍然是心与心的共振。尽管有论调声称,疫情发生后全球化进程将遭受阻碍,但如今《日志》的成功似乎也为以全球传播能力为代表的全球化理论提供了现实经验和实践的可能性。

四、文化身份的跨文化沟通

案例 7

文化身份的幻想:一幅漫画引发的"韩服汉服之争"

2020 年 11 月 1 日,中国漫画家"old 先"在 Twitter 上发布的一组漫画引发争议,其原创漫画的四位主角,身穿"古风混搭"风格的服饰,部分韩国网友认为其中的大帽和幞头抄袭了韩国服饰。随后画家本人澄清,平顶大帽参考的是中国华服文化活动中的服饰,并且有明朝蓝氏画像轴及鲁王墓出土大帽实物为证,幞头参考的是中国电影《绣春刀》和《龙门飞甲》中的服饰。韩国网友继续留言,部分言辞激烈,多名韩国画手在外网发起"♯韩服挑战#"(#Korea_hanbok_challenge#),集体声讨中国漫画家,并指责中国的汉服"抄袭"韩服,称"汉服起源于韩服",此举引发大量争议。随之引发"于正发声新剧服装为明朝汉服"以及"闪耀暖暖(换装游戏)关闭韩国地区运营服务"等事件,韩服汉服争议不断发酵。中国历史研究院官方微博在2020年11月4日发布博文《"韩服"真相:"衣冠文物,悉同中国"》,该博文给出一系列历史记载和证据,证明"古代韩国本没有自己的衣冠制度,根据明朝服饰进行改良,才形成了后来大家看到的古装韩剧中的服饰"[①]。

韩服汉服争议最初是关于漫画服饰中帽子的归属问题,但韩国网民的评论话语转移了矛盾焦点,热度最高、出现最频繁的是将"辫子"视为中国服饰文化乃至中华民族的标志,以此来"证明"漫画中的汉服元素不属于中国。两国网民的争论也从帽子的归属演变为对两国历史文化边界的勾画与争夺。根据Twitter评论,韩国网民倾向于使用刻板印象来"幻想"中国这个"他者"的历史文化身份,并在否定他者的过程中,构建自己的身份幻想以达到自我身份认同的目的。

刻板印象的产生源于"对种族/文化起源之纯粹性的寻求"[②]。韩国网民使用"辫子"这一刻板印象来论证漫画中帽子的归属问题,正是他们寻求韩服乃至韩国传统服饰文化起源纯粹性的表现。对比韩国网民和其他国家的网民评论可以看出,韩国网民对中国传统民族文化元素异常敏感,其评论中高频出现的"爱你自己的文化""别偷韩国传统服饰""正确标注出处"的目的都是强调中国和韩国的传统服饰文化"相似但不同",更有韩国网友坚持中国和韩国的文化"完全不同""不共享文化价值观、信仰和传统"。

[①] "韩服"真相:"衣冠文物,悉同中国"[EB/OL].(2020-11-04)[2021-02-02].https://weibo.com/ttarticle/p/show? id=2309404567505871175773.

[②] 翟晶.边缘世界:霍米·巴巴后殖民理论研究[M].北京:文化艺术出版社,2013:42.

通过"辫子"实现的身份幻想以及为追求文化纯粹性而加重的文化敏感,体现了韩国网民一种焦虑又矛盾的情感:中华传统文化是"欲望对象又是恐惧之源"[①]。同时,韩国网民的身份幻想中还有第三者——西方国家的存在,在其身份认同中,不仅有中国这个他者,更重要的是西方如何看待韩国文化。在Twitter发起的"♯韩服挑战♯"相当于一种身份的"书写",通过对部分中国传统服饰文化元素的"再现",将中国的传统文化和源头地位放在了不确定的边缘,使二者的位置不再确定,从而试图消解中国对韩国的文化影响。

同属于儒家文化圈,历史上紧密的文化联结使得中韩文化相同的源头造就了中韩民族文化的相似,但相似并没有实现理解,反而加重了韩国网民对"文化差异"的敏感以及划清两国文化边界的冲动。两国网民在讨论中互相展示支持己方观点的资料证据,但谁也无法说服对方。在划清边界的过程中,民间对话出现阻碍的主要原因是,中韩政府干预后搁置的历史分歧依旧在韩国民间发酵,没有权威结论使得双方难以凭借两国的历史材料达成共识。历史因素和自我中心的结合,为两国的跨文化交流设置了难题。

在韩服汉服争议中,还有一些值得参考借鉴的民间智慧。首先,官方应该更加重视中国传统服饰文化的海内外科普宣传。网民呼吁学术界和官方合作,对中华传统服饰的形制变迁以及现代改良样式等进行规范及宣传普及,方便传统服饰爱好者学习以及对外民间文化交流。网民指出,服饰传统文化对外宣传严重不足,国内博物馆应该加强对服饰文化的介绍,提升服饰复原质量。其次,重视文艺作品对中国历史文化的全面展示,关注流行文化对民族历史文化的宣传作用。韩国网民构建中国刻板印象的主要来源是影视剧作品,尤其是清宫剧。为了改善中国等于清朝的刻板印象,文艺作品创

---

① 翟晶.边缘世界:霍米·巴巴后殖民理论研究[M].北京:文化艺术出版社,2013:43.

作应该展示更多朝代的历史文化,其中的服装、化妆、道具等,需要在对真实历史情况有更严谨的考量的基础上进行设计。最后,民间交流活跃积极,需要理性引导。中国网民呼吁汉服爱好者中的意见领袖能主动开展对外宣传。B站知名UP主"十音Shiyin"在YouTube上发布中英双语视频《汉服不是韩服:请部分网友尊重历史》,引发外国网友关注。中国网民在微博创建的"文化输出现象"超话,目前已有12.2万粉丝,在自主科普教育的同时,也在Twitter等外国社交媒体上进行中华文化的宣传。但社群讨论中不乏偏激和歧视话语,为避免激化民族主义情绪,平台应重视审核监管,文化教育部门也应及时关注,加强教育引导。

案例8
混杂文本的跨文化解读与文化认同:对《花木兰》的分析

1998年,迪士尼推出取材于中国民间故事的动画片《花木兰》,在全球获得广泛好评。中国传统民间传说的融入帮助迪士尼打造了第一个没有贵族血统并且可以拯救"王子"的公主,翻开迪士尼公主片的新篇章。2020年,迪士尼制作的全华人扮演的真人版电影《花木兰》上映。然而,同样题材不同命运,电影在全球上映后,口碑不佳,在中国影评网站豆瓣网得分5.0/10,在美国IMDb网站评分5.6/10。迪士尼似乎想要更"尊重"东方文化传统,但观众却看到了电影的"讨好"策略与更隐蔽的偏见,并且展开了对抗式解读,导致电影的"文化混杂"策略失效。

花木兰的故事来源于北魏乐府《木兰辞》,在中国广为流传。由于文本精简,留下很大的解读空间和再创造潜力。1998年动画版《花木兰》便基于《木兰辞》进行了改编,讲述了从小活泼的木兰自作主张,深夜出逃替父从军,明里是对年迈父亲的关心与爱,实质上更是对真正自我的寻找,木兰最终凭借自己的机智获得军功。对这部电影的分析主要有两种观点,一是认为电影是文化殖民主义的延伸。迪士尼通过大众文化重构东方的文化经典,将东方传统与主角所具有的自由平等现代思想对立,以此来强化霸权文化的影响力并且他者化东方。① 二是将其视为全球化背景下的混杂文化文本,认为该片是将中国传统文化去情境化和本质化后,产生的东西方文化的混杂。②

相对于动画版,真人版《花木兰》(2020)在人物设置、故事走向和文化环境上都有大幅修改。真人版中,木兰生而有"气",但从小被教导女性应该隐藏自己的"气"。敌方部队来袭,替父从军的木兰在军中以男性身份展示"气",获得了战友及将军的认可。然而她的秘密被敌军"女巫"仙娘发现,仙娘告诉木兰,只有对自己真实,才能最大限度地使用"气"。意识到"真"的重要性,木兰在凭借智慧救下军队后,主动向将军坦白了自己的女性身份,却被逐出军营。仙娘邀请木兰与自己联手,被木兰以"为国而战,保护皇帝"为名拒绝。得知敌军的可汗要攻入首都刺杀皇帝的计划后,木兰返回军营请求回城救皇帝,并只身与可汗打斗,救下皇帝。木兰回乡后被御赐了刻有"忠、勇、真、孝"的宝剑。

如果动画版《花木兰》是对中国传统文化的"去本土化",即最小化展示其难以理解的本土化元素,以便吸引更广泛、更多样化的全球受众③,那么真人版《花木兰》则进行了更深层的再本土化。例如动画版《花木兰》将"孝"文

---

① YIN J. Popular culture and public imaginary: Disney vs. Chinese stories of Mulan[J]. Javnost (Ljubljana, Slovenia), 2011(1):53-74.
② 陈韬文.文化转移:中国花木兰传说的美国化和全球化[J].新闻学研究,2000(66):1-27.
③ LEE C C. Media business strategies in the global era: from a "connectivity" perspective [J]. Mass communication research, 2003(75): 1-36.

化去本土化,再西方化为"双向的爱"①,即美国式纯属感情关系的家庭观,木兰替父从军的原因也不是孝顺,而是对自我的找寻。但在真人版《花木兰》中,花木兰则是出于孝顺才替父从军,返家的花木兰甚至因自己擅自从军而向父亲道歉。在"忠"的道德元素上也是如此,在动画版《花木兰》中,木兰战斗的动力是对同胞乃至人类的悲悯与大爱,而在真人版《花木兰》中,"忠"被表现为木兰"保护皇帝"的信念,皇帝的形象变得威严不可侵犯,而动画版中所有对于封建皇权的逾矩行为在真人版《花木兰》中都被删除。

真人版《花木兰》到底是东方主义与文化霸权主义的延伸,还是作为混杂文化对殖民主义的抵抗?回答这一问题不能拘泥于文本,还应该连通跨文化的受众视角。可以将观众对东方传统与西方文化的解读分为整合性解读、同化解读、分离性解读以及边缘性解读。不同的解读方式体现了不同文化,甚至同一文化不同群体的观众多样的文化认同与心理需要。

在"整合性解读"中,观众将混杂文本视为整合的第三文化文本,认为"忠、勇、真、孝"是相互融合的四种美德,彼此并非对立的,这也体现了现代人的开放性文化认同,以及自我与他者文化进行对话的心理需要,但双方都是从本民族文化出发,而非基于对他者文化传统的了解来认识东方文化与西方文化。对东方传统文化进行抵抗性解读、认同西方文化的"同化解读"大多出现在中日韩三国,很多中日韩观众将忠、孝等东方传统文化解读为现代性的对立面,将自我定位为"现代人",而对忠、孝的恪守不符合现代人的理念。

"分离性解读"是指在混杂文本中,观众对西方文化进行抵抗性解读。其中,观众主要聚焦于批判迪士尼对中国文化元素的误用、丑化和套用,关

---

① 陈韬文.文化转移:中国花木兰传说的美国化和全球化[J].新闻学研究,2000(66):1-27.

注迪士尼背后的操纵性意图。"边缘性解读"指观众对于混杂文本中的东方传统文化与西方文化都进行抵抗性解读,一方面认为封建帝制与父权制下的东方传统造成对个人的压迫;另一方面也认为西方的个人主义与自我中心,只是暂时脱离了被压迫的困境,并没有负担起对他人、对社会的责任。这类解读既认同西方自由意志的重要性,反对中国传统文化中某些压制自我意识的想法,也意识到西方过于以自我为中心的个人主义与新自由主义的后果。这类解读体现着具有反思意识的混杂性文化认同。

混杂文本一如全球化背景下我们所处的社会,包含着复杂的文化景观,东方文化与西方文化,传统文化与现代文化,全球文化与本土文化,官方文化、市场化文化与大众文化混杂在一起。混杂文本所形成的第三空间,为文化价值的主体间性和集体经验提供了"阈限"协商的场所[①]。在对双文化或多文化的整合性解读中,中西观众基于主体间性的对话与开放性的文化态度挑战了本质主义文化观。对混杂文本的"边缘性解读",体现了观众对多元文化的反思,对东西方融合的混杂性文化认同的主动构建,对西方的文化霸权与现存秩序的反抗,以及对现代性困境的回应。

案例9

跨文化互动中的身份焦虑:以BBC纪录片《杜甫》的观众评论为例

2020年4月,由英国广播公司(BBC)、中央广播电视总台、英国Maya Vision公司和华影制片公司联合制作的纪录片《杜甫:中国最伟大的诗人》(*DuFu：China's Greatest Poet*,简称《杜甫》)开始以中英两种语言版本,面向中、英两国观众播出。这部纪录片由英国历史学家、英中了解协会主席迈克尔·伍德(Michael Wood)策划和拍摄。迈克尔·伍德实地重走了杜甫生

---

① BHABHA H K. The location of culture[M]. New York：Routledge,1994：38.

平辗转游历的轨迹，串讲了杜甫生平遭遇及诗歌创作经历，在与中外多名学者的对话中解读杜甫对于诗歌文学、中国历史以及文化精神的意义。

《杜甫》在中国主要视频播出平台B站获得了300多万次的播放量，也引发广泛关注和讨论，其中核心争论在于民族文化内群体在"跨文化互动"中对文化身份问题的认知。在一段由外国人"描写"，最终也将由外国人"读取"的中国故事中，杜甫对于以弹幕观众为代表的文化内群体来说，显然不再是与自己间隔时空的"古人"，而是自身文化身份的符号。由此，以《杜甫》为载体，围绕着海外创作者解读自身文化和海外观众阅读自身文化的跨文化互动，弹幕观众展开了对话，呈现出"负面批评"与"正面维护"两种明显的话语倾向，在弹幕空间中展开话语博弈。《杜甫》的中国观众作为文化内群体，经历着文化身份的再现和"不断超越文化的过程"[①]。在接受被他者定义、描述和解释的挑战中，中国观众体会到差异和隔阂，感受到话语权被争夺的被动状态，这对其自身文化身份稳定性、协调性掌控带来冲击。

随着现代社会的发展，文化交往的壁垒在国家、民族、文化之间逐渐被打破，如何在更加复杂的跨文化环境中应对文化互动所带来的冲突、思想碰撞，理解和缓解身份焦虑是一个值得继续讨论的话题。

关于本案例的深描请详阅《跨文化传播研究》的相关论文。

[①] 单波. 跨文化传播的问题与可能性[M]. 武汉：武汉大学出版社，2010：107.

五、跨文化传播中的误读和抵制

案例 10

以互惠性理解转化对话困境:"取消文化"现象分析

伴随着新冠肺炎疫情大流行与美国政治、文化的极化趋势,"取消文化"(cancel culture)在 2020 年迅速蔓延。"取消文化"这一词汇本身的历史较短,在早期的日常生活用语中,"取消"更多是一种个体行为,近两三年间,这一词汇及其所指向的行为发生了快速演化。《纽约时报》2018 年 6 月的文章《所有人都被取消了》(Everyone is Canceled)[①],描述了许多明星被粉丝取消关注的现象。"取消"逐渐被置于公共语境严肃地使用,与性别、种族等议题紧密联结,其惩罚意味也逐渐加强,被取消的对象逐渐从明星向作家、学者、教授、企业高管甚至普通人转移,被取消的人常常不得不承受更加严重的后果,比如作品下架、被迫辞职或被解雇。[②]

2020 年 5 月,乔治·弗洛伊德之死引发了大规模抗议运动,并引发多起取消事件,被取消的人或事物被归结为种族歧视,如美国前总统西奥多·罗斯福等多位名人的雕像被移除、《乱世佳人》下架又恢复上架、《老友记》创作者因剧集缺乏种族多元性而致歉等。"取消文化"由此成为"互联网上最热

---

① BROMWICH J E. Everyone is canceled[EB/OL]. (2018-06-28)[2021-06-15]. https://www.nytimes.com/2018/06/28/style/is-it-canceled.html.
② 张拓木. 取消文化(Cancel Culture)[EB/OL]. (2020-08-10)[2021-06-15]. https://mp.weixin.qq.com/s/VZ5pCHyg4AIKvMj5OF3t_A.

门、最具争议的观点之一"①。"取消文化"呈现了一种跨文化对话的困境,即面对种族、性别等社会结构性议题,持有不同感知与认知的人如何寻求对话。

"取消文化"作为问责的文化,展现出公众依托平台发声的可能,但也可能在滥用之中取消自身的合理性。"取消文化"或者体现了帮助"发声",或者表现为使人"噤声"的力量,体现了公共讨论形态的流动性,但问题在于,"取消"之后怎么办?对这一问题的追问,使人们转入跨文化的公共对话之中,这要求我们从"取消文化"的语义争夺中脱离出来,以"互惠性理解"转化"取消文化"。

关于本案例的深描请详阅《跨文化传播研究》的相关论文。

六、名人文化的全球传播

案例11

"科比坠亡"热搜中的跨国粉丝与民族主义争论

2020年1月27日,篮球巨星科比·布莱恩特因直升机事故遇难,引发了世界各地的粉丝在互联网社交平台上的缅怀与悼念。在疫情爆发初期的中国,"科比去世"话题也登上微博热搜榜的首位,关于科比坠亡的相关话题,长时间保持在微博热搜靠前的位置,B站、抖音、快手、网易云音乐等平台也充满科比坠亡的消息和自发的集体悼念。部分网友对科比粉丝占据公

---

① GREENSPAN R E. How "cancel culture" quickly became one of the buzziest and most controversial ideas on the Internet[EB/OL]. (2020-08-06)[2021-06-15]. https://www.insider.com/cancel-culture-meaning-history-origin-phrase-used-negatively-2020-7.

共空间的悼念行为表示不满,认为在疫情肆虐之下,应该把焦点对准疫情传播和中国抗疫英雄,而不是"外国球星"。"在当下的媒介环境中,互联网以其强势的渗透性不断与社会结构进行互动,即便是爱国主义、民族主义等严肃的意识形态也不能自外于此。"① 从"帝吧出征"到爱国题材动漫《那年那兔那些事儿》,再到"爱豆政治"与粉丝民族主义的"粉丝面前无偶像"②,民族主义与粉丝群体在众多跨文化事件中不断"交锋"。此次围绕"科比坠机"热搜的争论,也逐渐延伸出"网络民族主义者"和"粉丝群体"之间的意见之争。

对粉丝群体的指责,更多强调科比粉丝"刷屏"导致公共信息资源被占用。科比逝世时间正是中国新冠肺炎疫情爆发的初期,全国"停工停产"、全民宅家足不出户,绝大部分外界信息要从网络渠道获取,这时的议程设置尤为重要。在全国人民对疫情信息高度关注的舆论环境中,粉丝对科比逝世的大量讨论,使"原本应属于"疫情消息的版面被占,网络民族主义者认为疫情才是本国人民需要关注的国家大事,而科比去世的消息只是来自国外的体育娱乐新闻,不足以登上热搜,也不需要大量关注。

但对于粉丝群体来说,科比早已超越"他者"的界限。"你见过凌晨4点的洛杉矶吗?"是众多球迷、青少年的座右铭,甚至是学生作文里常常列举的励志素材;科比的"曼巴精神"意味着从不退却、在困难中创造奇迹。科比被80后、90后两代球迷视为"青春"的代名词,他们将科比视为"文化中的我"的一部分。因此,粉丝群体认为科比是全球性巨星,全世界粉丝都在悼念科比,不存在国界的区别。

网络民族主义者将"国外球星科比"与"民族抗疫英雄"做对比,认为民

---

① 白一婷.“红色爱豆”的诞生:观展/自恋循环中的认同建构与微观权力网络[D].南京:南京大学,2017:3.
② 安帛.中国“限韩令”何以奏效?粉丝文化重塑爱国主义[EB/OL].(2016-08-17)[2021-02-28].https://theinitium.com/article/20160817-opinion-anbo-kore-anstars.

族抗疫英雄的生命安危更值得被关注;又把疫情中"因新冠病毒逝世"与"因直升机事故遇难"做对比,认为多数人的生命更让人痛心。网络民族主义者对抗疫一线的工作人员充满敬仰,并试图以此"同化感染"其他人,认为"应该关心真正为我们谋利益谋健康的人","作为中国人"应该记住钟南山院士等"英雄般的人物",这在强烈的自我展演的同时表现出一定的排他性。[①] 从动机上看,面对突发疫情,国家处于"危难"之中,网络民族主义者更强调共同体意识,认为所谓的粉丝群体应该与国家一致,以"中国""抗疫英雄"为共同的偶像,以主流媒体传递的"顺应国家政策""钟南山院士叫我们做什么我们就做什么"等观点为共同准则,然而粉丝群体的行为脱离了"抗疫共同体"的行为准则,这种"开小差"的做法被网络民族主义者视作"一种背叛",认为需要对其作出警告与提示。

2020年年初新冠肺炎疫情爆发后,部分西方国家政客对中国进行恶意打压和诋毁,人为制造国际性恐慌,污损、破坏中国形象,引发国内网民不满,诱发民族主义情绪。[②] 当科比去世的消息遍及网络,网络民族主义者就把前期的不满情绪转移到视科比为偶像的粉丝身上,通过"挑衅"的方式质疑并求证科比是否对中国有着同样的"敌对态度",迫使粉丝为自己的偶像和自身行为寻找合法性。粉丝群体通过列举科比与中国和中国粉丝的过往互动、回忆科比"中国行"的细节,不仅意图呼唤网络民族主义者的同理心,还无意中加深了对自己国家身份的认同感。[③] 粉丝群体认为疫情与科比之间不具冲突性,中国"科粉"群体既是"抗疫共同体"也是科比的忠实追随者,对科比的追悼并不会影响他们对祖国深深的热爱之情。

---

① 徐志豪.涉外事件中网络民族主义集体表达及其娱乐营销化动向[D].广州:广东外语外贸大学,2018:54-55.
② 全燕.新冠疫情期间世界民族主义的政治异动[J].国际论坛,2020,22(5):43-58,156-157.
③ 侯雨,徐鹏.跨文化粉丝研究:学术史梳理与前瞻[J].中国青年研究,2019(12):87-94.

随着主流媒体对科比坠亡事件的官方悼念以及对科比追悼会的报道，相关极端话语的消失和转变，这场关于疫情与科比的"冲突"以和平方式结束。粉丝群体与网络民族主义者在争论过程中，都加深了自身民族认同感和自豪感，双方的极端话语也逐渐消解，从而达成相对一致的意见：在聚焦疫情的同时，科比坠亡等非相关事件也应当有合理的表达空间。

案例12

马拉多纳逝世引发的全球情感传播

2020年11月25日，球王迭戈·阿曼多·马拉多纳的突然逝世，引发世界各地足球球迷的一场舆论浪潮。多位拉丁美洲国家政要发文哀悼，阿根廷政府为其举行国葬并进入为期3天的哀悼期。"马拉多纳被认为是20世纪最伟大的足球运动员，他不仅拥有南美球员精准的脚法和极其娴熟的带球技术，大局观也非常出色，在任何一支球队，他都是绝对灵魂，可以将球队整体盘活。"[1]他在1986年的墨西哥世界杯中打出的"上帝之手"与"世纪进球"至今令球迷津津乐道，而他混乱的私生活和毒瘾也时常受到批评。人们对马拉多纳褒贬不一，他的逝世激起了人们复杂的情感态度，形成了基于情感传播的舆论热点。"♯马拉多纳去世♯""♯球星马拉多纳去世♯"的话题在微博上分别拥有27.5亿与3亿的阅读量，以及39.7万次与7.2万次的讨论。[2] 马拉多纳逝世的舆论热度来得快，降得也快，在国内外的网络舆论中都呈现出热度高、扩散快、持续时间短的传播特征。

笔者从新闻报道、微博话题、中外网民评论中搜集样本，将样本分为3

---

[1] 黑曼巴.马拉多纳传记：绿茵球王 球场上帝 20世纪足坛第一[EB/OL].(2014-05-19)[2021-06-14]. http://2014.sohu.com/20140519/n399743432.shtml.
[2] 数据统计截至2021年2月20日。

组,分别是微博样本、中国网民评论和外国网民评论,对这些样本进行情感分析,可以观察到马拉多纳在中外舆论中的多重标签。在网络悼念的情景模式中,正面(肯定)的情感基调包括喜爱、尊敬、难过、道别、祝福、赞美、遗憾、感谢、维护;负面(否定)的情感基调包括抨击、厌恶、讽刺;中性(其他)的情感基调包括不在意、无关、无明显情感。

尽管都是以正面(肯定)的情感基调为主,但中国网民评论的正面(肯定)情感明显少于微博样本与外国网民评论。首先是营造仪式感的差异,比较微博与中国网民评论两组样本,微博发布者阿根廷国家足球队的身份,以及对"告别马拉多纳"议程的主动推进,使网民在微博评论悼念的仪式感较强,其赋予的社会关系的意义更加明显与强烈。其次是跨文化的差异,中国网民与外国网民的评论在语言(中文环境/英文环境)、足球的普及度(接受度)、习俗、社会心理结构(原型)等跨文化因素上具有一定的差异。

对中国网民与外国网民的词频进行统计,从中可以见到两组各 200 个样本中既有相近的常见词,如马拉多纳(Maradona)、上帝(God)、足球(football)、rip(即英语"安息吧"的简称)、2020 等,也存在明显不同的常见词,如中国网民的球王、吸毒(包括毒品、黄赌毒)等,外国网民的 legend(传奇)等。

涉及"健康"话题,尤其是马拉多纳吸毒、糟糕的生活习惯时,中国网民评论相比外国网民评论更为敏感,并且负面情感基调更明显。中国网民中涉及健康话题,以及马拉多纳沾染黄赌毒等标签的样本共有 28 条,占样本总量的 14%,其中正面(肯定)、中性(其他)、负面(否定)的情感基调分别为 8 条、8 条、12 条,占据中国网民评论中负面评论的 100%,中性评论的 29.63%。而在外国网民评论中则为 5 条,只占样本总量的 2.5%,正面(肯定)、中性(其他)、负面(否定)的情感基调分别为 2 条、1 条、2 条,占据外国网民评论中负面评论的 40%,中性评论的 11.11%。从中可见,与外国网民参与评论的网络用户相比,中国网民参与评论的网络用户对健康问题的重视程度、对吸毒等不良生活习惯的反感程度更为显著。

中国网民与外国网民的跨文化差异彰显出用户群体间的差异,反映出情感背后宏观的社会心理结构,即原型的影响。"原型"具有符号性、历史性、继承性和社会性,是一种集体记忆和情感交织起来的原初模式,可以被具体的情节和意象唤醒,赋予个别的、不同的情境以共同的意义。原型作为文化的集中体现,不仅影响着文学艺术作品,同时也在网络舆论情感传播中发挥着关键作用。[1] 中国在近现代历史中曾深受鸦片等毒品之苦,经历了艰难的禁毒斗争并且取得成就,这在社会建构的过程中化为一种集体记忆和情感传承下来,将宏观的社会文化与微观的个人心理联结起来。在这一原型沉淀之下,马拉多纳糟糕的健康状况与吸毒等问题更容易激发中国网络用户的个体情感体验,引起更加强烈的情感共鸣。

本文从6个维度梳理2020年跨文化传播事件,涉及跨文化符号传播与互动、群体间跨文化冲突、跨文化共情传播、文化身份的跨文化沟通、跨文化传播中的误读和抵制、名人文化的全球传播等议题。在疫情初期,东西方社会对"口罩"的不同呈现,提示着在理解他者的认知和行为时,要充分考虑其文化心理和社会背景,并动态地理解和调适文化差异。文化间的相互了解和理解是通向相互接受和合作的基础,中蒙两国基于"羊"符号的良好互动,正是利用相通的文化符号建构相互认同的交流空间,从而导向信任与互惠关系的建构。疫情的蔓延减少了人们的现实交流,增加了网络交流的比重,无论是本土歌曲走红海外,还是外国视频的全球分享,或疫情沟通中的个人叙事,都显示着跨文化传播的平台化转向。互联网为更为便捷的跨文化沟

---

[1] 蒋晓丽,何飞.情感传播的原型沉淀[J].传播文化,2017,39(5):12-13.

通提供了空间,并且通过用户参与、个体叙事等方式,促使人们感知文化差异,调适自我认知,实现跨文化的情感共鸣。"科比坠亡"与"马拉多纳逝世"中,名人文化与粉丝文化的全球传播也成为互联网时代跨文化传播的新亮点。但与此同时,文化认同的争论和冲突也延伸至互联网空间,无论是"韩服汉服"的争论、对《花木兰》电影的解读,还是对纪录片《杜甫》的评论,文化认同依然困扰着人们,超越本质主义的文化观,在文化互动与对话中化解封闭的文化认同是解困的思路。种族歧视与文化冲突的"老问题"也有着"新表现",美国"弗洛伊德之死"事件等一系列跨文化冲突事件引发全球关注和讨论,以至于2020年开始流行"取消文化"等新社会思潮,这些现象表明,跨文化传播中既包括政治极化的趋势,也包括技术对社会参与的重构。

新冠肺炎疫情的全球性大流行将跨文化传播置于更深的不确定性之中,同时也凸显出新型全球化转换过程中跨文化传播的重要性。疫情和非疫情交织中的世界苦难要求人们更加注重反思偏见、超越自我中心,朝向互惠性理解中的信任建构而努力,从而携手克服人类所面临的危机与困境,重建疫情后的全球交往。

弹幕话语中的跨文化互动*
——以纪录片《杜甫：中国最伟大的诗人》为例

◈ 高雪桐**

摘　要　2020年4月，由BBC、中国广播电视总台及其他英文媒体联合拍摄的纪录片《杜甫：中国最伟大的诗人》（以下简称《杜甫》）在哔哩哔哩视频网站播出。数百万观众在网站上观看了这部纪录片，并发表了数千条弹幕评论。本文以网友的弹幕互动为案例进行话语分析，试图剖析文化内群体两极化观影态度所指向的文化互动行为、心态及逻辑。研究中描述了弹幕话语在"杜甫诗歌英译""外国主导拍摄""符号误用损伤文化形象"三个跨文化议题上存在的态度分歧和话语博弈行为，从社会实践层面出发分析了"负面批评"和"正面维护"两种弹幕话语在"文化互动—文化

---

* 本文源自武汉大学新闻与传播学院硕士生课程"跨文化传播"，指导教师为肖珺。
** 高雪桐，武汉大学新闻与传播学院研究生，研究方向为纪录片、跨文化传播。

适应—文化身份维护"过程中的不同表现,指出弹幕中看似对立的话语双方共同的身份焦虑心理和文化地位诉求。案例研究体现了网民"互惠性"跨文化交流意识的萌芽,同时也指向了文化身份认同焦虑、文化中心主义和跨文化交流媒介的缺陷等跨文化传播问题和现有困境。

关键词 跨文化;文化身份焦虑;BBC纪录片;弹幕研究;话语分析

Cross-Cultural Interaction in Video Bullet Screen: A Case Study of Documentary *Du Fu: China's Greatest Poet*

Abstract In April 2020, the documentary *Du Fu: China's Greatest Poet* (hereinafter referred to as *Du Fu*) produced by BBC, CMG and other English media was broadcast on a video website in China, bilibili.com. Millions of people watched the documentary on the bilibili.com and made thousands of comments in the form of bullet screens. By observing these bullet screens, it is found that the audience in the Chinese context have different attitudes towards the Chinese story told by the BBC. This paper describes the forms of conflict dialogue in the bullet screen discourse around three cross-cultural issues: the translation of *Du Fu's* poems, phenomenon of foreign-led documentary filming, the abuse of symbols that destroy cultural images. Then from the perspective of social practice, it expounds the differences between critical discourse and defendant discourse in the process of cultural interaction, acculturation and maintenance of cultural identity, which are reflected in the different degrees of trust for people from foreign cultures, the different abilities in acculturation, and the different understanding of the causes of cultural identity crisis. It suggests that the two sides of the dialogue share the same identity anxiety and cultural status demands, namely, the fear of the lack of their own cultural discourse power and the threat of stigma, and the intention to maintain their own cultural status, although they seem to have opposite views on the surface. The intercultural communication consciousness of "reciprocal" which is reflected by maintaining discourse, is a realistic case of "reciprocal communication" theory. The negative discourse caused by cross-cultural activities in the case clearly shows the existence of cultural identity anxiety, cultural centralism and cross-cultural media defects.

Keywords cross-cultural communication; anxiety of culture identity; BBC documentary; bullet screen research; discourse analysis

引 言

杜甫(Du Fu)是中国家喻户晓的伟大诗人。20世纪前后,陆续发表的杜甫诗歌转译作品,以及美籍华裔学者、历史学家洪业翻译出版的传记体著作《杜甫：中国最伟大的诗人》使得杜甫作为一位中国诗人在西方文学中建立了自己的地位，其"中国最伟大的诗人"和"世界最伟大的诗人之一"的形象在西方语境下流传。

2020年4月，英国广播公司（BBC）、中央广播电视总台影视剧纪录片中心、英国Maya Vision公司和华影制片公司联合制作的纪录片《杜甫：中国最伟大的诗人》（*Du Fu：China's Greatest Poet*，以下简称《杜甫》）开始分为中、英两版，分别在两国播出。这部纪录片以讲述、采访、再现、搬演等形式介绍了中国诗人杜甫，在中国主要视频播出平台哔哩哔哩网站（bilibili.com，以下简称B站）获得了287.9万次的播放量，引发广泛关注，显示出超高人气。

然而，《杜甫》的整体口碑没有随节目的火爆而水涨船高，网友对其的评价围绕跨文化制作和传播议题呈现出明显的差异对立和两极分化。一方面，很多网友对《杜甫》表示赞扬和感谢，对文化外的创作者为传播中国文化故事而做出的努力赞不绝口；另一方面，也有大量言论几乎苛刻地对纪录片进行了批判，指责《杜甫》在解读深度、翻译、细节呈现等方面的表现令人失望。国内观众被这部跨文化生产的纪录片激发了复杂情感，其话语表达远远超乎对文本的普通讨论，转移到了涉及文化层面的传播及互动等纪录片背后的问题。

由此，本文要追问的是，中国观众对《杜甫》的复杂态度与纪录片背后的跨文化交往活动有着怎样的联系？带着问题，研究者对不同媒体形态中的纪录片舆论环境进行考察，对B站中该纪录片下的视频文本和弹幕评论文本进行话语分析，探究网民在即时观看情景下的原生话语构型与对话形态，分析文化内群体观点两极化的产生路径和背后逻辑。

一、研究方法和数据

(一)研究方法

话语是人在社会中确立身份、解释行动及建立社会关系的一种必不可少的活动。本研究主要采用话语分析方法(discourse analysis),从文本内容和结构、话语实践,以及话语的社会实践三个层面逐步深入地考察纪录片《杜甫》在国内观看语境下的文化内群体的意见表达和互动形式,以及其所暗含的意识形态和权力关系。

(二)数据采集与分析

视频弹幕(bullet screen/barrage discourse)最早于 2006 年被日本 Dwanggo 公司应用于 niconico 视频网站,是一种以"流弹"形式在视频画面中呈现即时的观众评论的用户互动方式。① 通过营造观众间实时性、互动性、匿名化的交流氛围,视频弹幕实现了视频语境和观众言论场的整合。因此,本研究选取 B 站中《杜甫》官方视频的实时弹幕评论作为话语分析的样本,于 2020 年 12 月 14 日采集了 B 站播放的中文版《杜甫》视频文本(时长共 48 分 04 秒),同时通过 Python 语言编写程序爬取播放页面下发布的,经审核通过并可实时呈现的全部弹幕评论共 6000 条。

首先,在视频内容和弹幕对话的语境下对数据进行初步的分析后,本研究发现来自 1037 位发布者(不考虑一个人使用多个账号发布评论的情况下)所发布的共 1281 条弹幕文本与纪录片所引发的跨文化争议有关。相关

---

① 陈威. 弹幕视频网站及其用户的研究[D]. 南昌:南昌大学,2015:5.

讨论在总评论样本中占比21.35%,可见跨文化传播和文化交往是在线观众对纪录片的关注焦点之一。同时发现,跨文化争议一般围绕以下议题:(1)杜甫诗歌的英译和英文朗诵;(2)中国诗人纪录片由外国研究和拍摄;(3)他者视角对杜甫的解读和定义;(4)镜头语言对杜甫、中国的符号化呈现;(5)中英两版本内容差异。

接着,以对纪录片创作主体以及海外观众等他者的态度为标准,研究者分别对每条文本进行态度的正负倾向的标记,将含有(1)否定、贬低、批评、质疑、嘲笑他者创作《杜甫》的过程、结果及价值,(2)抵触与他者进行文化交流,(3)怀疑、否定他者对自身文化的可接触性、可理解性,(4)贬低他者文化价值或地位等表述或内涵的单条文本标记为"负面倾向态度";将明确含有(1)肯定、理解、赞扬、喜爱他者创作《杜甫》的过程、结果,(2)肯定、强调自身文化跨文化传播的重要性及他者创作《杜甫》的价值,(3)认可、肯定、表扬他者文化的价值,(4)批评负面倾向弹幕以意图维护创作者或他者文化等表述或内涵的单条文本的态度情感标记为"正面倾向态度";其他不明显含有以上任何倾向的议题下的弹幕评论被标记为中性态度。同时,研究发现,有关"中英两版本内容差异"议题下的弹幕评论虽然亦是围绕跨文化议题的,但对他者的态度指向性不明显。因此除同时明确包含上述正、负倾向态度所标示出的语义外,此议题下其他弹幕没有被纳入此次对他者倾向态度进行编码与分析的考察范围。如表1所示,研究者共标识出643条具有负面倾向态度的弹幕,432条明显持有正面倾向态度的弹幕,以及206条态度不明确或相关性不强的中性态度弹幕。

表 1　各类弹幕数量及在总体中的占比

	负面倾向态度	正面倾向态度	中性态度或相关性弱
弹幕数量	643	432	206
总体占比	50.20%	33.72%	16.08%

同时,将态度倾向转化为量化统计数字后(将每条正面倾向态度的弹幕标记为"1",负面倾向态度的弹幕标记为"-1",中性态度标记为"0"),研究者对每位发布者的弹幕分别进行平均值及总体标准偏差统计,发现同时拥有正负两种明显态度倾向的评论者占比较少,个人弹幕态度量化值的总体标准偏差大于0.5的发布者共44人(在总体中占比4.24%),没有发现偏差值大于1的发布者,同一发布者不同弹幕间的话语倾向相对统一。因此,在不考虑用户使用多个账号发表弹幕的情况下,可以认为《杜甫》中的弹幕能够代表其发布者对于纪录片所引发的争议的态度倾向。由此,以1281条弹幕文本为主要研究对象,本研究将结合视频语境系统考察及阐释跨文化交往和交流过程中在线观众的话语构型、特征及社会权力关系。

二、研究发现

(一)文本分析:冲突话语的交流形态

1.BBC主导拍摄《杜甫》

《杜甫》采用中外合拍的制作方式,由英国历史学家、英中了解协会主席、纪录片制片人、主持人迈克尔·伍德(Michael Wood)担任撰稿人和出镜主持人。该片引用哈佛大学汉学家宇文所安、中国人民大学教授曾祥波、牛津大学博士刘陶陶的专家解读,在创作过程中融合了中西视角。然而,"BBC拍摄""外国人讲述中国文化""哈佛以及牛津大学的权威汉学家"等标签引发了弹幕的多次讨论。

此语境下的语义呈现出"抵触他者声音—跨文化意识教育—反思文化传承"的总体逻辑。讨论往往由带有抵触情绪的"抱怨"弹幕引发。"抱怨"产生于对由外国人介绍中国传统文化的厌恶、气愤和不屑,这些负面态度倾向的逻辑可以归纳为"他者从根本上无法真正理解自身文化""他们对于杜甫的讲述会缺乏深度""外国人无法传达中国诗歌文化的真正魅力"几种。此类表达同时强调着:归根结底,自身文化传播的主体性应该由中国人自己把握。

"抱怨"弹幕之后,出现了一些对前者进行"反驳"或"教育"的弹幕,展现出对他者从事自身文化传播的相对支持态度。他们通过解释"中外合拍""主持人的专业性"等纪录片创作背景信息,试图消解对"他者是否能够讲好杜甫文化内核"的质疑;批评弹幕中抱怨"国外创作者"的言论,同时肯定《杜甫》创作者的努力和付出;强调《杜甫》的目标观众是海外观众,呼吁以更加开放、自信的跨文化传播态度接纳来自他者文化的传播者,让中国文化更好地走向世界。

表2 关于"由他者主导纪录片创作"议题的弹幕评论语料

负面倾向语料示意	语义		语义	正面倾向语料示意
00:00:52 最讨厌讲中国文化偏要从外国人视角来拍	抵触情绪	情绪互动	教育	00:00:53 中国文化必须由外国人来讲,钱锺书先生说得很明白了
00:01:09 外国人说诗?没必要	不屑态度		解释必要性	00:01:40 因为中国人说诗歌有自夸嫌疑,而且也没人看
00:00:57 中国的传统文化纪录片是别人拍的???我……	气愤情绪		提供事实	00:05:42 BBC和中国合拍的
00:05:33 杜甫的纪录片居然由外国人拍出来了,作为炎黄子孙,所有人都应该觉得羞愧	哀怨情绪			

续表

负面倾向语料示意	语义		语义	正面倾向语料示意
00:09:05 外国人很少有人会懂(中国文化)!	否定跨文化理解的可能性	语义互动	赞扬主创人员	00:10:34 人家(主持人迈克尔·伍德)听得懂好吗,不信看他别的纪录片
感觉是隔靴搔痒式地介绍杜甫	批评纪录片深度不足		肯定苦劳和功劳	00:47:39 一个歪果仁不远万里来到中国追寻杜甫,只有40分钟,介绍得还相对完整。
00:01:17 啊,不能中国人做本土吗	强调传统文化的自主传播		强调传播目的	00:47:17 BBC做的就是引路人,这个本来就是面向英国人的纪录片
			呼吁发扬传统文化	00:02:36 现在很多研究汉文化的都是国外的,我辈当自强

然而,在涉及"把握自身文化传播主体性"等问题,如回应"为什么不能是中国自己来拍这样的纪录片"的"抱怨"弹幕时,除了强调中央广播电视总台也参与了《杜甫》的创作,其他相关回应在声量和内涵维度上明显较弱势。少数的回应中发出了"我辈当自强"的呼告,也有弹幕回应"(因为我们是)孤儿们,别怨了",暗示了对自身文化传播力量过于薄弱现象的潜在认同和哀怨情绪。

2.关于使用英文呈现杜甫诗歌

《杜甫》结合杜甫生平际遇,在故事讲述过程中穿插演绎了15首杜甫诗歌,这些诗歌以英文译诗的形式呈现,由知名电影《指环王》中甘道夫(万磁王)的扮演者、被誉为"英国国宝"的著名演员伊恩·麦克莱恩(Ian McKellen)爵士出镜朗诵。

然而,不论是英文翻译后的杜甫诗歌,还是麦克莱恩爵士以自述口吻朗诵杜诗的表现形式,都引发了疯狂的弹幕吐槽。此类争议贯穿全片,讨论热度高峰时,"没那味(诗歌韵味)""这是什么鬼翻译""完全失去了魅力""这翻译有灵魂吗""全完了"等弹幕几乎覆盖整个屏幕。这些批评弹幕称英文翻译后的杜甫诗歌过于直白，破坏了格律诗的韵律，而且翻译常常词不达意，不能充分传达杜甫诗歌的意蕴内涵，降低了诗歌的艺术高度。

再者，批评弹幕也否定借英文译诗进行深度文化交往的意义，认为古诗精简押韵的美感一经翻译就会大幅损耗，"形同白话"，这无法避免，因此"跟外国人讲中国古诗，基本上都是白费力气"。除此之外，弹幕多次出现"翻译尽力了，但英文还是太过简陋，没办法完全诠释中文的古诗"一类的表达，也有"这儿就体现了汉语的博大精深了""还是好好学中文吧"等感慨，将来源于翻译的美感落差归咎于不同语言及文化间的高低优劣，走向对其他文化的诋毁。

同时，持支持态度的弹幕回应批评声音的质疑，力挺创作者和表演者。面对充斥整部影片的批评话语弹幕，支持者"先发制人"地在影片片头留言，提醒后来的观看者屏蔽"没那味"等弹幕，对刷屏的批评弹幕发起抵制和反抗。此类话语逻辑为"不应该让语言成为文化传播的壁垒"，认为"为了帮助文化走出国门，就必须要进行翻译"，文化差异固然导致翻译过程中的"损失"，使得翻译后的诗歌在本土文化语境下显得有所欠缺，但是这更便于外国人接受，"让世界看见中国才是最重要的"。支持弹幕以泰戈尔和莎士比亚的诗歌为例，解释将英文诗歌翻译成中文时同样也会破坏韵律，但不会影响美感，试图以此引发批评者的借位思考和认同。支持者反对比较两门语言文学性上孰高孰低的观点，呼告"中文英文都有自己的魅力"，质问批评者"究竟是真的骄傲于汉语言，还是只是借助杜甫的伟大往自己脸上贴金"。

3.关于不当符号造成形象受损

纪录片《杜甫》运用大量符号来为各种文化语境下的观众直观地速写文化内涵，其中不仅包括语言符号，还有呈现于画面、声音中的非语言符号，这两重符号体系相辅相成地完成了对于意象本身和其背后象征含义的描绘。

然而,其中的一些符号被认为是"误用"或"刻板印象",在弹幕中引发争议。

首先是针对"误用"符号的批判和矫正。例如,在展示唐代地图时,纪录片被发现可能错误使用了地图,导致中国疆域看起来较小。再者,在影片的第38分钟,纪录片介绍杜甫流离失所四处奔波,即将前往长沙度过人生中最快乐的一段时光,此时插入了实地拍摄的长沙市民跳广场舞的镜头,引发弹幕吐槽,弹幕认为这一镜头显得"土气","破坏了上一段落(险峻的自然风貌画面)的动人意境","很丢人"。如表3所示,其他被指出的符号"误用"有的违背历史事实,有的则并未涉及事实性错误,是由于不符合中国文化语境下的常规描述才被关注。被指出的"误用"均关乎杜甫本人声誉或中国形象。

表3 形象争议话语语料示意

话题	弹幕语料示意
纪录片中展示的唐代地图被疑错误使用,导致中国疆域看起来变小	00:02:40 这个地图就离谱 00:02:47 地图的确是疆域最大时候,但面积比例小了,看旁边日本就不对劲 00:02:51 唐朝疆域多数时候就这么大
纪录片中评价杜甫为现实主义诗人	00:05:54 现实主义和浪漫主义本来就是西方的概念,单纯把杜甫归为现实主义诗人,其实挺狭隘的 00:05:58 杜甫年轻时照样也是写过像李白那样的浪漫主义诗的
解说词中提到洛阳,但出现了西安的城市画面	00:09:39 洛阳又不是不好看,说着洛阳放西安,啥纪录片 00:09:43 拍的西安说洛阳,笑死了
主持人介绍长安为"当时世界上最大的城市之一"	00:02:23 没有之一,就是当时最大的城市…… 00:02:25 去掉之一 00:02:30 前面说没有之一的,同时代巴格达城有200万人口
讲述李隆基和杨贵妃时使用了垂帘听政的画面	00:16:45 这个镜头是纪录片大明宫里的武则天啊 00:17:05 杨贵妃还没有到垂帘听政的地步 00:17:10 乱用别的纪录片

加固"刻板印象"的符号同样备受弹幕批评。在纪录片的第36分28秒处,影片呈现了一段女子身着古装舞剑的影像片段,以作为杜甫诗歌《观公

孙大娘弟子舞剑器行》的诗朗诵画面。批评弹幕指出"厚眼影、小眼睛、穿斗篷、服装花里胡哨、月牙眉"等女子形象仅仅是欧美人对亚洲人的虚假想象，表达了愤怒、厌恶和质疑等情绪。同时，"这剑舞跟我所见过的其他剑舞不太一样"等话语则试图在文化上与片中人物和行为"划清界限"，拒绝被他者刻板地描绘。

同时，维护纪录片的观看者发布弹幕，从不同层面回应了针对不当符号的批评，他们通过夸赞舞者的舞姿和周遭氛围，表达了对古装舞剑较认可的态度，认为展示出"生活化"一面的中国，具有很强的时代感，显得生动；责问吐槽弹幕的发布者"为什么觉得广场舞丢人""人间烟火觉得丢人？喝露水长大的吧"，表示不能只想着把"阳春白雪"的一面展示给他者。但是由于维护弹幕对大多数议题的回应都回避了最核心的矛盾——真正的错用、典型的刻板印象等，所以两种话语没有形成强烈的对抗态势，对不当符号的批判成为此语境下的主流声音。

(二) 话语实践分析：群体争辩的产生逻辑

B站观看者作为文化内群体的代表，在面对由"外国人讲中国故事"的纪录片《杜甫》时，其对话的中心并非仅围绕纪录片的艺术内容与形式。大量有关跨文化互动的影片要素引发了弹幕交流，并在交流中促成"抨击"和"维护"等群体态度的差异。换而言之，处于中华文化内的群体对于这部纪录片的态度和弹幕行为受到跨文化互动影响甚至驱动。本研究通过对话语实践做进一步分析，可以窥见观众在跨文化互动中何以激发和产生了群体意见分化和争辩。

1. 文化互动激发文化适应

单波在《跨文化传播的问题与可能性》中指出，文化作用在个体身上的两种互动,一种是"按照某些观念的互动",能够帮助其与他人分享共同的价值。当人们按照某种观念进行互动时,是对祖祖辈辈流传下来的观念行动的学习和传承,会成为我们潜意识中的习惯,即"无意识文化"。而当遭遇文化间的交流,面对与他者的差异、碰撞甚至竞争时,人们则会面对另一种互动——"为了改造观念的互动",这种互动必然导致个人走向新的文化适应过程。①

在《杜甫》中,以讲述者身份出现的他者基于自身的审视和解读摆布着故事并塑造了有关"杜甫""中国传统文化"乃至"中国精神"的形象,这一举动本意在于借助"中间人"的作用,将前面所提到的内容介绍给中华文化外的观众,影片在这一过程中被赋予了他者的文化视角。而 B 站观众对于杜甫较为熟悉,长期在中华文化内环境下习得和强化了传统固有的观念和看法。因此观众在 B 站进行观看和弹幕交流的行为,实质上促成的是以纪录片文本为媒介,围绕在西方的"他者"文化与本土的"无意识"文化周围的碰撞、竞争的互动。

他者因为需要走进中国传统文化领域内进行考察以创作纪录片文本,而率先进入改造观念和文化适应的互动阶段。随着纪录片的播出,本土文化内群体也进入这一场域。由此,文化内群体在接受被他者描述、解释和定义的挑战中,不自觉地衡量和审视着被塑造出的文化身份与自身所认同的身份之间的一致性。韩裔美国学者金洋咏认为,文化适应之中的个体可以在经历辩证否定的过程后而最终"接纳压力后得到成长"②,这意味着可能在弹幕之外,许多观众已经悄无声息地完成了对他者文化交往过程中观察到

---

① 单波. 跨文化传播的问题与可能性[M]. 武汉:武汉大学出版社,2010:94-96.
② KIM Y Y. Becoming intercultural: an integrative theory of communication and cross-cultural adaptation[M]. Thousand Oaks, CA: Sage, 2001. 转引自单波. 跨文化传播的问题与可能性[M]. 武汉:武汉大学出版社,2010:68-71.

的文化差异的诸多适应(其适应过程在弹幕文本中呈现得相对不突出),然而弹幕中大量具有排斥、压制、对立他者倾向的发言行为则展示了群体适应压力时的抵抗、内心拉扯过程。

2.文化适应引发身份焦虑

文化身份(cultural identity)是一个群体或个人自己承认的同时也需要被他人承认的在文化上的位置。[①] 而威廉·布鲁姆(Williams Bloom)则指出,个人需要努力设法确认身份以获得心理安全感,维持、保护和巩固身份以加强这种安全感。[②] 而当自我与文化环境关系失衡时,就可能导致身份焦虑,甚至是抗争性举动。

B站观众在进入以纪录片为媒介的文化互动和适应的过程中,就是通过不断评判这场传播行为的"公正"程度来确认"文化身份"的稳固和安全程度的。

然而,他们在面对既成的视频文本和"离线的"他者时,不可避免地陷于相对被动的局面,无法真正站在互动的天平上左右跨文化交往的结果。因此,当影片对于中国形象的塑造和判定没有达到他们心中所认同的高度时;当杜甫被以"现实主义诗人""儒家精神的追随者""忠臣"等标签诠释,新文化观念的解读体系入侵原有文化体系时;当事实错误、刻板印象或西方解读可能会导致对中国文化的更大范围的误解时,大部分观众处于既先天对他者缺乏信任,又不能在当下真正与视频文本创作者对话,进行解释或争论,且无法左右海外播出效果以辩护文化身份的被动处境。他们只能通过在弹幕中纠错、指正来抗衡他者的话语,甚至进一步通过与其中形象划清界限或否定跨文化传播的意义,来宣发抵触情绪,消解"单向对话"带来的压迫感和

---

① 单波.紧急状态下跨文化传播的焦虑及其消解[J].国际新闻界,2006(1):28-32.
② 乐黛云.文化传递与文化形象[M].北京:北京大学出版社,1999:332.

无力感。这样的抗争行为导向了弹幕中的抱怨、批评和否定话语倾向。

而《杜甫》的维护者与批评者相比,在身份焦虑问题上显示出较轻的症状。维护倾向的弹幕所对话的对象大多并非直接指向他者文化,而更多转向文化内群体之间(更多回应弹幕议题,而非自发地表达文化适应的心得)。这类话语对由视频文本直接引发的文化冲突、对抗和竞争具有更强的包容性和既有的接受意愿(在对话中体现为对抱怨、批评和否定话语的安抚与规劝),也表现出发布者对于他者文化和《杜甫》创作者更深入的了解和认知(在弹幕对话中表现为主动对影片、创作者、外文化以及海外传播环境进行知识科普)。从以"更好地传播中国文化"为理由发起呼吁、中国本土应该加强文化呈现能力等话题下的语料中,可以发现维护者的最终目的同样在于自身文化身份在跨文化语境下的确立和巩固。

3.身份焦虑背后的差异归因

"归因是指寻求行为结果的原因,是指人们从可能的导致行为发生的各种因素中,认定行为的原因并判断其性质的过程。"[①]根据归因理论,真正对人的情绪产生影响的往往不是结果,而是人们对原因的感知。在多数情况下,人们在思考行为原因的过程中,并不关注结果本身,而更重视造成此种结果的原因,由此会产生各种不同的情绪体验。对《杜甫》弹幕中跨文化议题下批评倾向与维护倾向两方话语进行分析,可以发现文化内群体中两方对于文化互动中的差异、冲突、竞争和对抗的不同归因路径,解释两方在身份焦虑程度以及对话对象上呈现差异的原因。

维护话语在回应批评弹幕的过程中参与议题讨论,将跨文化纪录片呈现中显现的矛盾(如翻译消减诗歌美感、符号误用、刻板印象等)归因为语言鸿沟、技术条件限制、文化壁垒、纪录片艺术表达的需求等几个主要方面。

---

① 单波.紧急状态下跨文化传播的焦虑及其消解[J].国际新闻界,2006(1):28-32.

因此,其话语中所体现出的"敌对"指向的是跨文化传播条件的客观困难和同为文化内群体的"批评者"。持这些意见的观众认为,在"当下"克服困难并极力促成文化传播是最为重要的;国人盲目自大、渲染民族中心主义容易导致跨文化对立、进一步冲突和交流受阻。由此,他们在对话中批评"无用的牢骚",企图调解群体内民族中心主义倾向,教育同胞须借助各方力量支持跨文化传播。对于BBC及国外纪录片团队,他们则怀有感激之情,将其描述为试图克服困难而前行的,对中国文化悉心了解和热情传播的伙伴,表现出对其工作目的和态度的较强的包容性。

批评话语面对纪录片中存在的"误读""误估""刻板印象"等结果,将其归因为创作者以"他者化"的方式进行了错误的审视、呈现,并认为这将伴随着必然的更大范围的对于自身文化形象和地位的误解与低估。同时,在这种权力结构的话语下,他们将外部他者和内部主体建构为"二元对立"的双方,倾向于认为两者间存在话语权上的"垄断、压制—被掠夺、被掩盖"关系,由此导致了对代表他者的纪录片和创作者的"敌对"情绪,将争辩的矛头指向了代表创作者的纪录片文本。而对于群体内成员为"万恶的他者"辩护的弹幕,则在一定程度上产生了"被同化、被洗脑、被说服"的怀疑。

尽管群体内产生激烈争辩的两种话语倾向来源于不同的认识和逻辑,但其根源都指向两个矛盾:维护自身文化身份和应对多元文化冲击之间的矛盾,以及增长中的跨文化交往需求和落后的跨文化传播基础之间的矛盾。矛盾激发了个体在文化互动中对文化地位逆差的感受,使其经历文化适应过程,产生不同程度的身份焦虑,最终驱动了其差异化的话语表达。

结　论

本研究通过对《杜甫》弹幕的分析,考察了文化内群体在跨文化互动语境下呈现出的"负面批评"和"正面维护"两种话语倾向,以及其对话博弈的语言实践。研究发现,文化内群体看起来分化和对立的意见两端,具有相似的出发点和推动力——失衡的文化互动环境下的文化身份焦虑。

单波在《跨文化传播的基本理论命题》中提到,"能够意识到他者的相异性并接受与之相异之处,以丰富对自我的理解,同时拒绝将他者限定在我的语境中,试图在差异中理解自我的意义",可以称之为"互惠性理解"。[①] 正面维护的弹幕话语中可见开放、包容的跨文化传播意识的显露,趋向于实现跨文化有效互动所必备的"互惠性理解"。同时,导向维护话语的归因逻辑和其话语阐述指向的跨文化意识,反映出如果文化内群体能够增加对于"他者"的预先认知、了解和信任,提前维护和建立对于双方固有的文化差异、冲突、竞争的心理预期,那么在面对新的文化适应阶段和交流受阻困境时,易于表现出更高的适应性、接受度以及更积极的解决问题的态度,从实践案例层面展示和验证了培育跨文化互惠性理解的可实施性。

然而跨文化交流困境亦不容忽视。一方面,"负面批评"弹幕反映出部分缺乏跨文化沟通意识和训练的文化内群体在传播受阻、文化身份认同焦虑、他者化、文化中心主义和权力博弈等陷阱下的真实反应。其中,绝对化差异(例如,认为外语母语者绝对无法理解中国诗歌)、排斥文化交往(例如,拒绝外国人拍摄中国文化题材纪录片)等试图通过驱逐、否定或贬低他者而减少权力对自身文化身份和地位影响的话语策略,以及以苛刻标准要求他者(例如,认为纪录片应当坚持使用中文朗读诗歌,以此让海外读者体会全部美感)而不考虑差异性的话语策略,将与他者之间的"对话者"身份转变为了"对立者"身份,进一步减少平等、开放、坦诚对话与交往的可能性,是无意

[①] 单波. 跨文化传播的基本理论命题[J]. 华中师范大学学报(人文社会科学版),2011(1):109-119.

义的和应当被警惕的。同样值得关注的是,依托传统大众媒介进行的跨文化互动所显示出的单向、离线和错位等弊端,存在加剧文化互动中的误解与隔阂的可能性。

随着现代社会的发展,文化交往中需要打破的壁垒在主权国家之间、民族文化之间、文化圈层之间不断裂变,然而无论是出于文明交往所需,还是权力博弈的驱使,跨文化交往的需求日增。从文化内群体观看《杜甫》及实时互动的话语实践来看,打破文化交往中的壁垒,不仅需要消除交往媒介及渠道的单向、离线和错位的弊端,更需要普及跨文化交往的思维和能力。

正如单波在《跨文化传播的问题与可能性》中指出的,要走出身份认同的博弈怪圈,核心在于文化内群体需要认识到身份的本质是具有"流动性"的,存在历史维度的发展变化和空间语境纬度的差异变化。文化身份的形成是一个"不断超越文化的过程"[①],不同文化应当开放对话,在对话中互补、完善。一味坚持自我、否定外界交流绝不会产生新的超越,而诸如《杜甫》一般的跨文化传播实践也应当被以更包容的姿态鼓励和倡导,使得文化在不断的文化交往、碰撞和适应的过程中实现螺旋上升,走向真正实现文化身份自信的道路。

---

① 单波.跨文化传播的问题与可能性[M].武汉:武汉大学出版社,2010:100-106.

"取消文化"还是对话文化：
跨文化议题中的对话困境*

◆ 李龙腾**

摘　要　"取消文化"之争，表现为一种"文化政治"景观，也有人直接将这一类现象比作"文化战争"，意在描述持有不同立场、信仰与价值观的人们陷入对抗状态，封闭的认同是这种战争的最后堡垒；在不同的情境和价值取向下，争论中的具体议题，与个人或群体的不同感受、偏好缠绕一处，陷入难以消解的境地，由此导致人们可能选择直接粗暴的方式"取消"分歧，如羞辱、解雇、禁言等；基于"互惠性理解"的跨文化对话可作为一种思路，重新调适"取消"中的积极因素和消极因素，打开一种对话的局面。

关键词　取消文化；跨文化对话；互惠性理解

---

* 本文源自武汉大学新闻与传播学院硕士生课程"跨文化传播"，指导教师为肖珺。
** 李龙腾，武汉大学新闻与传播学院硕士研究生，研究方向为比较新闻学、跨文化传播。

Cancel Culture or Culture of Dialogue: The Dialogue Dilemma on Intercultural Issues

Abstract The "cancel culture" debate is a kind of cultural politics. Some people directly call this kind of phenomenon "cultural war", which aims to describe the confrontation between people with different positions, beliefs, and values. Closed identity is the last fortress of this kind of war. Under different situations and value orientations, the specific issues in the debate are intertwined with the different feelings and preferences of individuals or groups and fall into a difficult situation. As a result, people may choose direct and rude ways to cancel the disagreement, such as humiliation, dismissal, silence, etc. Intercultural dialogue based on reciprocal understanding can be used as an idea to readjust the positive and negative factors in cancellation and open a dialogue situation.

Keywords cancel culture, intercultural dialogue, reciprocal understanding

一、"取消文化"是什么？

"取消文化"(cancel culture)[①]这一词汇本身历史较短。在早期的日常

---

① cancel culture 直译为"取消文化"，也可译为"废弃文化""抵制文化"等。

生活用语中,"取消"更多被视为一种个体行为,"取消某人"更像是某种幽默搞笑的说法,其指向的事情也很无关紧要①。但在近两三年间,这一词汇及其指向的行为发生了快速的演化,词语的使用范围逐渐扩大,成为社会热词。《纽约时报》2018 年 6 月的文章《所有人都被取消了》(Everyone is Canceled)②就描述了许多文化娱乐领域的明星或名人被粉丝取消关注的现象,比如当时争议很大的说唱明星坎耶·韦斯特(Kanye West),也包括争议并不大的泰勒·斯威夫特(Taylor Swift)、比尔·盖茨(Bill Gates)等人。"取消"也逐渐被置于公共语境之中,以更加严肃的方式来使用,并常常与性别、种族以及其他社会不平等议题紧密相连。这里较为典型的一个案例是,在互联网社交平台推特(Twitter)上,黑人经常在上面发言、参与讨论,因而形成了松散但庞大的"黑人推特"(Black Twitter)网络,在这个虚拟社区中,社区成员将"取消"(cancelled)设置为话题标签,以便吸引更多人关注日常生活细节中的性别不平等与种族歧视等相关社会问题。

伴随着新冠肺炎疫情大流行与美国政治、文化的极化趋势,"取消文化"迅速发展蔓延③,"取消"的使用范围不断扩大并且更加模糊与复杂,其携带的惩罚意味逐渐加强,被取消的对象从明星扩展至作家、学者、教授、企业高管甚至普通人,被取消的人常常不得不承受更加严重的后果,比如作品下

---

① BRITO C. "Cancel culture" seems to have started as an Internet joke. Now it's anything but [EB/OL]. (2020-08-19) [2021-06-15]. https://www.cbsnews.com/news/cancel-culture-internet-joke-anything-but/.
② BROMWICH J E. Everyone is canceled [EB/OL]. (2019-07-28) [2021-06-15]. https://www.nytimes.com/2018/06/28/style/is-it-canceled.html.
③ KEHE J. 2020:the year of cancel(l)ed culture [EB/OL]. (2020-12-21) [2021-06-15]. https://www.wired.com/story/canceled-culture-intro/.

架、被迫辞职或被解雇[①]，以试图消减被取消的人的权力或文化资本，减少他的重要性。

2020年5月，美国黑人乔治·弗洛伊德（George Floyd）在一次警察暴力执法中死亡，引发大规模的以"Black Lives Matter"（可译为"黑人的命也是命"）为口号的抗议运动，随后在抗议活动的语境下，连续发生了多起"取消"事件，那些被取消的人或事物被归结为种族歧视：如包括美国前总统西奥多·罗斯福（Theodore Roosevelt）在内的多位名人雕像被移除、以美国南北战争为背景的经典电影《乱世佳人》被认为美化奴隶制而下架整改、《老友记》创作者因剧集缺乏种族多元性而致歉等。这一系列事件也促发了《哈泼斯杂志》（Harper's Magazine）公开信的发布，以及关于"取消文化"的大讨论。2020年7月7日，在《一封关于正义与公开辩论的信》（A Letter on Justice and Open Debate）中，包括诺姆·乔姆斯基（Avram Noam Chomsky）、J. K. 罗琳（J. K. Rowling）、玛格丽特·阿特伍德（Margaret Atwood）、弗朗西斯·福山（Francis Fukuyama）在内的153位作家、艺术家与学者联合签名，对其当时所处的社会环境和言论氛围表示不满，主张在种族和社会问题的强烈抗议中，坚持信息和思想的自由交流，反对因为不经意的言论而受到不成比例的惩罚，鼓励一种宽容的社会气氛。信中提及的例子包括：编辑因为发表具有争议的内容被辞退；图书因为所谓的不真实可信而被下架；记者因为报道一些特定主题被封杀；教授因为在课堂上引用一些作品被调查；一位学者因为分享了一篇已经经过同辈复审的

---

① 张拓木.取消文化（Cancel Culture）[EB/OL].（2020-08-10）[2021-06-15]. https://mp.weixin.qq.com/s/VZ5pCHyg4AIKvMj5OF3t_A.

学术论文被开除；一些组织的领导者因为一些小错误被赶下台。① 这封公开信引来了众多的讨论，有较多支持者，但也不乏嘲讽与反对的声音，或认为其抽象模糊，没有抓住重点，或认为其忽视了追求正义的声音②。

"取消文化"甚至成为"互联网上最热门、最具争议的观点之一"（one of the buzziest and most controversial ideas on the Internet）③，"互联网的作用越来越大，世界进入封锁状态，'取消'的对与错在文化对话中从未如此凸显"④。在争议中，"取消文化"进入公共阐释的过程中：人们在诸多议题中使用并讨论着这一概念词汇，结合自身经验、感受与价值观来认知这一概念，由此在持续的讨论中更新着对它的理解，并且试图论证自身认知与行动的合理性，虽然人们仍旧未能对这一词汇形成较为一致的认识。在城市词典网站（urbandictionary.com，又译俚语词典网站）上，"cancel culture"词条被赋予了负面含义，被认为是"一种现代互联网现象，一个人因为有问题的行为，导致其影响力或名声被消除。它由一群快速下判断但迟于质疑的人造成"⑤。而在韦氏词典网站（merriam-webster.com）上，其含义较为中性，"取消"某人的意思是停止支持那个人，"取消"的原因针对行为

---

① ACKERMAN E, et al. A letter on justice and open debate[EB/OL].(2020-07-07)[2021-06-15].https://harpers.org/a-letter-on-justice-and-open-debate/#.
② On justice and open debate[EB/OL].(2020-10-01)[2021-06-15].https://harpers.org/archive/2020/10/on-justice-and-open-debate/.
③ GREENSPAN R E. How "cancel culture" quickly became one of the buzziest and most controversial ideas on the Internet[EB/OL].(2020-08-06)[2021-06-15].https://www.insider.com/cancel-culture-meaning-history-origin-phrase-used-negatively-2020-7.
④ GOLDSBROUGH S. Cancel culture: what is it, and how did it begin? [EB/OL].(2020-07-03)[2021-06-15]. https://www.telegraph.co.uk/music/what-to-listen-to/cancel-culture-did-begin/.
⑤ Cancel culture[EB/OL].(2021-02-17)[2021-06-15].https://www.urbandictionary.com/define.php?term=Cancel%20Culture.

或言论,"取消"的方式则包括抵制或者拒绝晋升有关对象的职位等[①]。也有人看到"取消文化"蕴含的合理之处,在不过度使用的情况下,它可能具有纠正社会歧视、呼吁社会公正的潜在好处[②]。

总之,"取消文化"在社交网络与社会文化政治的整体语境下生成,并在2020年新冠肺炎疫情大流行、乔治·弗洛伊德之死、《哈泼斯杂志》公开信大讨论等事件以及相伴随的美国文化和政治的极化趋势下,成为社会讨论的热点。每一个参与者和评论者似乎都加入了对"取消文化"的理解和解释过程中:它既可能是反对和抵制,也可能延伸至审查与惩罚;它可以是一种社会表达形式,用以施加舆论压力和反对错误言论,但也可能蕴含社会对抗和分裂的后果。"取消文化"逐步演化,成为互联网时代的公共对话新的焦点之一,而作为旧因素的新组合和新表现,"取消文化"有待人们持续观察与反思。

二、"取消文化"的跨文化对话困境

接续长期以来人们对种族、性别等议题的激烈讨论,"取消文化"的趋势更加显著地呈现出社会议题中的跨文化对话困境。面对种族、性别等社会结构性议题时,持有不同生活感知、思维认知、政治立场的人们如何寻求对话的问题再次被凸显。

在性别议题上,英国作家 J. K. 罗琳的"恐跨性别"(transphobia)言论争

[①] What it means to get "canceled"[EB/OL].(2021-02-17)[2021-06-15]. https://www.merriam-webster.com/words-at-play/cancel-culture-words-were-watching.

[②] KAYLIN A. Cancel culture in the workplace[EB/OL].(2020-08-18)[2021-06-15]. https://www.aseonline.org/News/Articles/ArtMID/628/ArticleID/2202/Cancel-Culture-in-the-Workplace.

议是"取消文化"语境下的一个典型案例。她的新小说中的连环杀手角色因为穿着女性外套并且戴着假发,引发了许多人对她的"恐跨性别"指责,许多读者质疑这本书的寓意是"永远不要相信一个穿裙子的男人",并在推特上使用了"♯RIPJKRowling"的标签来表示对她的反对①。而这一争议与罗琳多年来被怀疑为"跨性别恐惧主义者"相关,许多人认为她的小说中存在故意针对跨性别者的内容。另外,罗琳还声援过一个英国女研究员玛雅。玛雅因为质疑跨性别者是幻象而引发公众争议,不再被其公司续约,并且没有得到劳动仲裁法庭的支持。法庭声称她的价值观"侵犯他人尊严",带有"敌意、贬损、羞辱和冒犯"成分,罗琳因此发声:"只因为一位女性说了一句'性别差异是客观存在的',就把她逼到失业,这算怎么回事?"许多粉丝对罗琳的观点表示失望,但罗琳仍旧坚持自己的观点,并为自己的言论进行辩护。她认为跨性别者的权利应当得到尊重,但她基于自己的生活体验,同样认为生理性别的真实性应该得到重视,而权利的冲突只有在充分辩论更多细微分歧的情况下才能被解决。② 总之,在这场"恐跨性别"的言论争议中,是否"恐跨性别"以及如何理解"跨性别"都成为悬而难决的事情,但这似乎并不妨碍人们在网络上发表自己的看法,并且在争论中点击着"取消"键,持有不同观点的人们由此陷入了对话的泥沼。

随着涉及性别、种族议题的争论更加政治化,"取消文化"也日益成为辩论的中心,它似乎体现着新的社会参与形式,具有强大影响力,但又似乎模糊不清,无法被简明清晰地表述。人们由此追问,它有没有可能是一种跨文

---

① FLOOD A. J K Rowling says villain who wears women's clothes is based on real cases [EB/OL].(2020-09-17)[2021-06-15]. https://sg.style.yahoo.com/jk-rowling-says-villain-wears-124656561.html.
② 刘亚光.因跨性别言论争议,J. K. 罗琳归还肯尼迪人权组织颁发的奖项[EB/OL].(2020-08-30)[2021-06-15].https://www.bjnews.com.cn/culture/2020/08/30/763895.html.

化对话的形式,能赋予曾经的社会边缘群体、无声者以表达的权利？还是只能表现为一种"取消"和妨碍对话的粗暴行为,将真正的相互理解和接受抽空,只剩下一场闹剧？然而,如果"取消"也能够被视为对话,这种对话难道不正自我"取消"了吗？还是说,"取消"也可以被视为一种表意手段,从而引起公众注意,促使人们再次进入对话之中？

由于人们经历着不同事件,唤醒着自身特定的经验,在断定"取消文化"是否合理上往往无法直接得到一致的意见,但这也显示了人们对"取消文化"的不同界定和多样性想象,正因为如此,"取消文化"应该被全面地、开放地理解。基于既有经验和思维判断,总是不断自我肯定,从而无法与他人形成真正的对话,也就无从沟通彼此,促进社会共识的不断形成,而转换视角并融合不同观点和立场的思考,才可能使自己走出重言式的想象。

因此,悬置对"取消文化"的既有判断,本文试图分析不同观点、立场的人们基于何种情境和价值取向看待"取消文化",理解人们受何种动机、情感、原则的驱使,参与到对"取消文化"的认知和评价之中。在支持、反对或复杂化理解"取消文化"的讨论中,不同意见之间有着互相观察的可能,由此可以理解对"取消文化"的不同想象,并且进一步使持有不同价值驱动的人们看到彼此的想象,以便从"取消文化"转向"跨文化对话"。

本文在谷歌搜索(Google Search)上检索题目中包含"cancel culture"的文章,找到约110,000条结果,可见网络讨论量十分巨大,其中2020年因乔治·弗洛伊德之死等事件,关于"取消文化"的讨论尤其集中,因此本文将时间限定于2020年,并选取搜索结果前50的介绍与评论文本作为研究对象,同时结合其他有关文本,做探索式、开放式的分析,试图观察公众讨论的多样性和互补性。在所选取的文章中,对于"取消文化"的讨论是多层面和多维度的,既有历史的勾连,又有现实的总结,既包括激烈的反对,又有较为中性的评述,以及部分支持性观点,同时涉及思想文化、艺术、商业、政治等多领域,具有多样性。①

三、"取消文化"的多维视角与多重现实

关于"取消文化"的争论非常激烈,有些人强调其危险性,有些人则声称"取消文化"有助于让以前无法发声的边缘群体发出声音,两种观点之间存在着严重分歧。然而,论辩光谱上的每一方也许都只看到了事情的某个侧面,"取消文化"在多维视角下呈现出多重现实,由此要求人们必须不断转换所谓的自身的固定视角,从而认识到在不同情境和价值取向下,"取消文化"不断重新协商着其适用性,重新调适着人们的情感与理性。

当"取消文化"扎根于某种数字问责制,作为少数群体利用"有用的愤怒"来试图解决现存社会问题的策略时,"取消文化"的实质为"呼吁或揭发",取消某人或某事的呼声,带有"看到"和"被看到"的意味,也就是说,带有赋权少数群体、揭示歧视与不平等的权力关系的意味②。在此,"cancel"表明了一种选择,即将自己的注意力从某人或某事上撤回,因为这些人或事的行动、言论或价值观过于冒犯,以至于人们不再希望将他们的关注、时间和金钱投注在这些人或事上,试图降低而不是提高他/它们的资本或权力。对于那些虽然名义上拥有公开论辩和表达自由,但实际上却没有相应的能力和机会的人来说,这种取消,与黑名单或抵制行为一

---

① 检索日期截至 2021 年 2 月 20 日。
② CLARK M. Drag them: a brief etymology of so-called "cancel culture"[J]. Communication and the public,2020(00):1-5.

样,在不平等的权力关系中增加了自己的影响力。当然,不同于对具体的、个人行为的攻击,在边缘群体最初的使用中,这一策略通常是对系统性不平等的批评。

在这种情境和价值取向下,人们看到的是一种朝向社会正义的可能,看到了"取消文化"在打击性别歧视、种族主义或任何其他类型的虐待,以及对他人的有害行为方面发挥的不可思议的作用,它要求人们对自己的行为负责,而这在过去很多时候是不可能的。它阻止了那些做了或说了坏事坏话的人逃脱惩罚,同时要求社会变革,解决深层的不平等[①]。在2016年好莱坞的杰达·平克特·史密斯(Jada Pinkett Smith)和威尔·史密斯(Will Smith)夫妇所倡议的抵制奥斯卡事件中,许多人对"奥斯卡太白了"(Oscars So White)表示愤怒,将目标指向奥斯卡奖的种族不平等问题。当然,在对这一行动的具体讨论中也有着怀疑和反对的声音,但它同时也确实带来人们的关注、各种各样的公共讨论以及随之而来的改革,在2019年,奥斯卡奖创下了黑人获奖人数最多的纪录。对于那些因为自身权势而无法有效依靠司法系统来惩罚的人,或做出种族、性别歧视行为的人,"取消文化"的方式有其合理性。比如通过公众抗议与社交媒体压力,促使警方介入到对哈维·韦恩斯坦(Harvey Weinstein)强奸以及其他几项性侵指控之中,从而促使"取消文化"朝向社会正义的目标。另外,"取消文化"也会对企业品牌在种族和社会不平等问题上的表现产生影响,例如针对杜嘉班纳(Dolce & Gabbana)对华人社区的偏见和种族主义倾向的表达,"抵制杜嘉班纳"(Boycott Dolce & Gabbana)成为表达反对的一种手段,以促使品牌更多地承担

---

① D'AMOUR A. Cancel culture: the good, the bad, & its impact on social change[EB/OL]. (2020-04-02)[2021-06-15]. https://onourmoon.com/cancel-culture-the-good-the-bad-its-impact-on-social-change/.

社会责任。

"取消文化"作为问责的文化，为公众依托平台发声提供了新的可能，但同时也可能在人们的滥用之下丧失自身的合理性。可以观察到的是，社交媒体上的义愤填膺、宣泄性情绪，有可能使那些本来属于补充主导声音、促进多样性声音表达的形式，在不断越界的"取消"之中，被转换成一种取消多样性声音的形式。由此，许多反对者看到了"取消文化"带有的"公民正义的激进形式"的一面，在由激进到盲目的正义感的驱使下，其他应当被整体性考虑和相互结合的价值，如对话理性、具体证据、复杂性、情境性等被抛却，只剩下口号和单方的主观判断。

"公开羞辱"等过激行为而非"问责与社会正义"成为这种情境和价值取向下的焦点问题，当对系统性不平等以及权势机构与人物的问责逐渐波及"无辜"个体，人们无法有效把握问责的合理性时，"取消文化"就可能被称为"一种数字化形式的狂欢与暴政"[1]，与历史上的"驱逐""社会排斥""罪恶感"文化相关联。这种情形下，"取消"的动力来自"好与坏"的简化的道德判断，以及这种认知背后的"我们与他们"的划界造成的道德优越的幻象，尤其是在重大社会事件发生以及由此导致的群情激愤的时刻，"不宽容的氛围"与激进审判的"道德恐慌"就再次成为现实，挤压掉公开对话和公共辩论的可能。

"取消文化"是否能够起到效用？在目标清晰、发言理性的情况下确实可能，但在这一生活和行为方式逐渐泛化的过程中，那些"叫嚣和呻吟"带不来任何有效的进步，反而使得"最有价值和最紧迫的事业也迷失在喧嚣

---

[1] MISHAN L. The long and tortured history of cancel culture[EB/OL]. (2020-12-03)[2021-06-15]. https://www.nytimes.com/2020/12/03/t-magazine/cancel-culture-history.html.

之中",因而"许多亚文化的抱怨助长了更宽泛、更模糊的取消文化,它们倾向于关注细节,从而分散了实现更广泛改变的努力"。① 尤其是当表达"异议"转换为实施"惩罚"时,"取消文化"的打击范围可能波及普通人,例如某老师不小心用自己认为的性别代词称呼学生而被解雇,某高管因为1987年写的一篇反对女性担任战斗机飞行员的文章而被撤职,尽管他表示,自己在30年的时间里,开阔了眼界,改变了自己的想法,并塑造了包容、尊重和多样性的原则②。在这里,它既没有关注系统性的问题,也没有给予任何情境化解释的机会,封闭了对话和改变的空间,造成了进一步伤害。

"取消文化"被认为是非常复杂的文化实践③,但在某种程度上,它却总是表现出缺乏复杂性,这成为其总是被自我"取消"的重要原因。美国前总统巴拉克·奥巴马(Barack Obama)在一次活动中表示,"如果你所做的一切只是责备他人,你可能不会走很远",也许许多年轻人认为"尽可能多地评判"是推动变革的最佳方式,但世界是混乱的,充满了"模糊不清的东西"。④由于缺乏复杂性思考,也即多元视角的转换,"取消文化"由此被评论者视为"扼杀了思想的自由交流"。由于要求在性别、种族等问题上的极端正确以

---

① MISHAN L. The long and tortured history of cancel culture[EB/OL].(2020-12-03)[2021-06-15].https://www.nytimes.com/2020/12/03/t-magazine/cancel-culture-history.html.
② GERSTMANN E. Cancel culture is only getting worse[EB/OL].(2020-09-13)[2021-06-15]. https://www. forbes. com/sites/evangerstmann/2020/09/13/cancel-culture-is-only-getting-worse/.
③ VELASCO J C. You are cancelled:virtual collective consciousness and the emergence of cancel culture as ideological purging[C].1st Rupkatha International Open Conference on Recent Advances in Interdisciplinary Humanities,2020.
④ THOMAS Z. What is the cost of "cancel culture"? [EB/OL].(2020-10-08)[2021-06-15].https://www.bbc.com/news/business-54374824.

及简单、直接而主观的判断,"取消文化"掩盖了动态的对话和理性讨论。通过社交媒体的呼吁和影响力来"取消"对方,而不是理解与接受多元观点并尝试相互改变①,最终可能会造成"取消文化"的社会分裂性特征,从而无法帮助任何人,无法合理控制其行为的边界,以至于伤害到本应进入对话与改变之中的人们②。

然而在批评"取消文化"可能使用"公开羞辱"的形式、目标模糊不清、可能造成不合理的伤害、缺乏复杂性情境化解释、封闭对话的可能性等之后,人们似乎又再次摇摆到事情的另一面。评论者再次认识到,单方面批评和"取消""取消文化",和"取消文化"一样,几乎都没有留下任何辩论的空间——"取消文化本身现在也在被取消,但对目标人群的负面影响也许被夸大了"③。因而人们在转换视角并从整体观照后认识到,这是一个非常复杂的问题,有很多因素需要考虑,包括参与"取消"的人(无论是主谋还是被告),也包括他们之间的权力关系,各种公司、政府、机构组织的背景,以及目的与方法的合理性。虽然"取消"的过程往往短暂,但这些批评背后的深层问题却非常普遍。在这种情况下,"取消"再次获得了合理性的诉求,即确保以个别情况表现出的那些系统问题不会继续被掩盖起来。④

---

① MEKOUAR D. Is "cancel culture" killing free exchange of ideas?[EB/OL].(2020-08-11)[2021-06-15]. https://www.voanews.com/usa/all-about-america/cancel-culture-killing-free-exchange-ideas.
② KILLOUGH K. The divisiveness of cancel culture helps no one[EB/OL].(2020-07-16)[2021-06-15]. https://www.powelltribune.com/stories/the-divisiveness-of-cancel-culture-helps-no-one,26260.
③④ TRIGO L A. Cancel culture: the phenomenon, online communities and open letters[EB/OL].(2020-09-29)[2021-06-15]. https://popmec.hypotheses.org/3043.

四、以互惠性理解转化"取消文化":朝向公共对话

由以上的分析可以看出,人们在面对"取消文化"时,存在着矛盾和张力。"取消文化"由于具有促使边缘群体发声、促进社会变革的潜力而得到肯定,但却由于无法掌握其有效边界和适用性而广受批评,从"我们与他们"的二元区分,简单直接的道德判断,到缺乏具体分析和情境化解释,都削弱了良好的公共论辩的效用。在每种观点下,都有对"取消文化"是什么的语义争夺,试图论证它是好的、坏的、善的、恶的,但作为一个复杂而模糊的概念,"取消文化"显然并没有某种特定本质,人们借由这一词语及其行为指向,参与到对公共讨论本身应如何界定的讨论之中。"取消文化"体现了一种助力于"发声"的力量,同时也表现为一种使人"噤声"的力量,公共讨论的形态在这两种可能中流动。"取消"与否之争的实际问题是,"取消"之后怎么办?对于这一问题的追问和求解,使人们转入了跨文化的公共对话之中,对"取消文化"争论的超越,必须使其从话语争夺中脱离出来,从而转化"取消文化"。

在对"取消"之后怎么办的追问中,我们发现了不同的情境和价值取向下的多样性理解,这为我们脱离"取消"本身的单向性提供了机会。"取消"只是一种表达的开始,但仍旧只是"发声"或"噤声",没有进入交流之中,也就无法真正沟通文化差异,从而形成真正的理解。例如在"取消文化"对品

牌的影响①,以及品牌如何采取公关策略②的讨论文章中,评论者并未立足于反思社会歧视和理解文化差异,只是基于企业自身利益的考量,在危机公关的层面上回应公众的诉求,但这可能进一步掩盖了真正的公共讨论。因此,由单向的表达进入双向的交流,才能够进一步为理解和改变奠定基础。

由"取消"的表达进入"交流"之境,"取消"这一行为本身便能够再次赋予自身合理性。在交流之中,多元性、情境性逐渐被纳入讨论。在支持与反对"取消"某人某事的观念光谱之间呈现着复杂性,"取消"的范围、对象、程度、理由处于不断调适之中;而如果重新回到基于道德义愤、情感宣泄或者主观感受激发的单向表达,"取消文化"就再次"取消"自身,成为一种盲目的行动,人们只能停留在互相"取消"之中,变为权力、影响力的对阵,"取消"行为所试图达成的社会观念表达与交流的目标也因此无法实现。这一境况要求人们面向更具复杂性的交流,将社会情境、对话背景、对话规范、理智、证据、情感等纳入其中进行权衡③,将认知、情感和意志等各种因素结合起来进行考量。

因而,在揭示跨文化对话中的种族、性别偏见和歧视等问题时,需要一种动态的过程性的理解,即"互惠性理解",以便在文化差异之中形成互补性知识,使不同文化观念互相印证,从而在刻板印象、民族中心主义、意识形态造成的对话困境中寻求相互理解,努力在生活事实与文化的动态发展的基础上进行对话式理解。在由"取消"开启的对话中,不能停留于"他者的敌

---

① LOBO P. The effect of cancel culture on brands[EB/OL].(2020-10-12)[2021-06-15]. https://www.researchworld.com/the-effect-of-cancel-culture-on-brands/.
② ROBERTS L. Tips for protecting your brand in the age of cancel culture[EB/OL].(2020-10-01)[2021-06-15]. https://www.prnewsonline.com/tips-for-protecting-your-brand-in-the-age-of-cancel-culture/.
③ 李泽厚,刘悦笛."情本体"是世界的[J].探索与争鸣,2014(4):4-9.

意",更要进入文化差异之中,寻求对话式理解的可能[1]。由此,经由表达以交流,特定的表达形式辅助于交流的开启;经由交流以理解,因为交流的目的在于相互理解,建构信任;经由理解而改变,在相互理解中,人们能够获得调适社会关系的可能。当然,"表达、交流、理解、改变"是互为因果的循环,人们同样在改变的想法中寻求理解,在理解的欲望中产生交流,在交流的要求下改善表达。因此,在"对话"中避免极端,在"发声"中增加多样性,"取消文化"作为"表达、交流、理解、改变"的一部分才可以被转化成跨文化对话的促进因素。

---

[1] 单波.跨文化传播的基本理论命题[J].华中师范大学学报(人文社会科学版),2011,50(1):103-113.

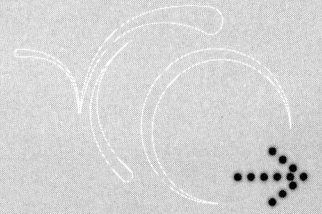

书 评

宽容的困境*

——斯坎伦论跨文化传播与交往中的价值分歧

◈ 喻郭飞**

摘　要　21世纪的前20年,人类在诸多领域经历了全球化带来的深刻变化和逆全球化带来的各种冲击。在这个过程中,跨文化传播、交往与冲突相互交织,使得人们在努力追求价值共识的同时,也在严肃地思考如何实现对差异化价值的宽容(tolerance)。相应地,"为何宽容""如何宽容""宽容什么""宽容的边界在哪里"等问题引起了广泛的学术讨论,托马斯·迈克尔·斯坎伦(Thomas Michael Scanlon)是参与上述论题争辩的重要代表人物之一。他是美国著名政治哲学家约翰·罗尔斯(John Rawls)的得意门生,当代道德契约论的代表人物,曾任哈佛大学哲学系主任、美国哲学学会

---

*　本文为国家社科基金一般项目"道德分歧的认识论研究"(20BZX100)的研究成果。
**　喻郭飞,华侨大学哲学与社会发展学院副教授。

东部分会主席。2003年出版的《宽容的困境》(The Difficulty of Tolerance)一书收录了他在1969年至1999年之间发表的13篇论文,分别从政治哲学、伦理学和法学角度阐述了他关于"宽容"在宗教、政治与道德领域中的重要价值及其面临的理论与现实困境的深入思考。本文基于斯坎伦在上述著作中对"宽容"概念的解读,尝试讨论在跨文化传播与交往的过程中,面对不时出现的价值分歧,人们如何恰当把握"宽容"原则在减少分歧、增进互信和扩大共识过程中的作用,正确理解其面临的困境和限度,展开关于(成功的)跨文化传播与交往所需遵循的价值规范的"元哲学"思考。

关键词 宽容;价值分歧;多元主义;困境;限度

The Difficulty of Tolerance: T.M. Scanlon on Value Disagreement in Transcultural Communication

Abstract In the past two decades of 21th Century, we have witnessed many dramatic changes brought about by globalization as well as various kinds of backfire challenges due to anti-globalization. Successful transcultural communications are interwined with failure and conflicts, therefore, it is urgent for us to pursue value agreement, but also should be serious to cope with the problem of tolerating different even conflicting values at the meanwhile. Accordingly, questions such as why should we tolerate each other, how to tolerate each other, what the object of tolerance, what are the limits of tolerance, etc., have invoked everlasting debates among scholars, and Thomas Michael Scanlon is one of them. His supervisor is the famous Harvard philosopher John Rawls, and himself, a representative of contemporary moral contract theory, was the former dean of philosophy department at Harvard, and former president of APA, eastern branch. *The Difficulty of Tolerance* (2003) has anthologized 13 essays he published from 1969 to 1999, explicated the significance and difficulties of tolerance in religious, political as well as moral domains from the perspectives of political philosophy, ethics and legal theory. Within this essay, I am trying to explicate his understanding of the concept of tolerance, highlight its role in reducing value disagreements, improving mutual trust and convergence, as well as demarcate its limits, therefore, figure out my tentative meta-philosophical reflections on the value norms that any successful transcultural communication should be abide with.

Keywords tolerance; value disagreement; pluralism; difficulty; limit

21世纪的前20年,人类社会诸多领域都经历了全球化带来的深刻变化,人们也感受到逆全球化带来的各种冲击。在这个过程中,跨文化的传播、交往与冲突相互交织,在人们追求共识的同时,对于差异的宽容(tolerance)成为值得大家严肃对待和认真讨论的重要议题。相应地,"为何宽容""如何宽容""宽容什么""宽容的边界在哪里"等问题引起了理论家的思考与争辩,托马斯·迈克尔·斯坎伦(Thomas Michael Scanlon)是其中的代表人物之一。他是美国著名政治哲学家约翰·罗尔斯(John Rawls)的得意门生,当代道德契约论的代表人物,曾任哈佛大学哲学系主任、美国哲学学会东部分会主席,与纽约大学教授托马斯·内格尔(Thomas Nagel)一起创办了著名刊物《哲学与公共事务》(*Philosophy and Public Affairs*)并担任该刊的副主编。2003年出版的《宽容的困境》(*The Difficulty of Tolerance*)一书收录了他在1969年至1999年之间发表的13篇论文,重点围绕"社会与政治制度如何得到辩护和评价"这一主题展开讨论,并从政治哲学、伦理学和法学角度梳理了"宽容"在宗教、政治与道德领域中的重要性及其面临的困境。笔者希望基于斯坎伦对"宽容"概念的解读,讨论在跨文化传播与交往的过程中,人们面对不时产生的价值分歧,如何实现真正的宽容,并且看到宽容的限度。

一、何为宽容

定义"宽容"并不容易。如果将其理解为一种态度,它是认知性的还是情感性的,抑或兼而有之? 相应地,人们宽容的对象是抽象的人,还是具体的情感,抑或不同的认知状态?

人们对于"宽容"概念一般性的刻画是:"宽容要求人们在即便完全不赞同对方的情况下仍然接受对方并允许他们的实践活动。"[1]正如斯坎伦指出的,宽容是一种令人困惑的态度,如何在完全不赞同对方的情况下还真心接受对方的差异,这不仅使自己在认知上面临困难,而且在情感上也需要协调可能产生的不一致甚至冲突。因此,他把宽容视作一种"次好"(a second

---

[1] SCANLON T M. The difficulty of tolerance[M]. NY: Cambridge University Press, 2013:187.

best)的状态,宽容存在边界,它需要建基于人们的理性之上。

斯坎伦认为,在每一种文化共同体内部以及不同的文化共同体之间都会产生如何面对不同的观点、情感,即"宽容"的问题,他在《宽容的困境》中的相关讨论是从宗教领域开始的。在他看来,宗教领域的宽容问题最早凸显,而且最为急迫。"宽容对每个人都意味着一定的代价与风险,但它是我们所有人都有理由珍视的一种态度。"[①]在人类历史发展的进程中,不同的宗教之间在基本的信条以及教徒的情感方面存在不同程度的差异,而对这些差异的不宽容导致了许多冲突甚至战争,因此,许多宗教都将宽容作为其教派之间以及与异教之间处理分歧的原则。而随着人类社会的世俗化程度不断加深,宽容的原则逐步扩展到政治、道德等领域。

二、何为价值分歧

一般而言,人们将价值看成客体的属性或功能之于主体需要之间的一种效用关系,价值客体的属性或功能决定了其客观性的一面,而主体需要,尤其是人际差异与变化,决定了其主观性的一面。作为关系性的存在,一个事物是否具有价值以及价值的大小在不同的价值主体之间会呈现差异。同时,价值作为界定共同体、团结共同体的核心要素,是身份认同的重要标准。比如,人们在交朋友时常会追问彼此是否"三观不合",这实际上反映了人们关于价值问题的根本观点和立场在身份认同和"划分敌友"问题上的重要性。

由于价值观的形成受到了价值主体所处的自然环境、文化传统和教育

---

① SCANLON T M. The difficulty of tolerance[M]. NY: Cambridge University Press, 2013:188.

等因素的影响,因此不同时空条件下的人们在价值问题上可能会产生不同的认识与判断,而所谓的"价值分歧"是指不同的价值主体在同一对象之于自身的效用关系上形成了不同的认识与判断。换言之,不同的人会对同一个对象是否有价值、有何种价值以及价值的大小等方面的问题给出不同的回答。

价值分歧的形成和不同价值主体对于价值对象的感知、认识和判断等因素密切相关,笔者希望重点讨论的是人们如何理性地对待价值分歧,尽管事实上存在其他处理价值分歧的非理性方式。而更为具体的问题是,宽容在对待价值分歧时所能发挥的作用及其限度。比如,现代社会中不同的文化群体对于安乐死、同性恋等行为在法律与道德层面的认识与判断就不尽相同,这实际上涉及多元社会中人们关于生命、自由以及婚姻等方面深层的价值分歧。

三、如何宽容

在承认上述价值分歧的情况下,人们面对持有不同于甚至与自身的价值观相冲突的人,如何才能宽容地对待彼此？在斯坎伦看来,真正意义上的宽容意味着人们必须将价值多元主义作为讨论问题的前提。这主要来自两个方面的理由:一是价值问题本身的特点所决定的,人的自由内在地决定了他们有权做出与他人、与事实情况不同的价值选择。二是人们对于价值认知的差异。人们通常偏向于认为自己站在关于价值的真理一边,即便事实的确如此,真正意义上的宽容也要求在价值分歧中处于"错误"的一方不会因为他们的"错误"认知或态度而被剥夺人之为人所拥有的法律或政治权利,比如选举、教育、医疗等方面的机会与资格。斯坎伦以当代美国社会为例,阐述了价值多元主义原则之下的宗教与政治两个领域之间的独立性,这种独立性反映在两个方面,一是政府在公共政策上不对某种特定的宗教给予单独的支持,二是政府的职位对于不同宗教背景的公民都保持开放性。

斯坎伦认为,"宽容"背后更为根本的是"平等"的原则,"一个社会的所有成员是平等的,意味着'在界定这个社会的现状如何'以及'在决定这个社会的未来会怎样'这两个问题上,每个人都会被考虑进来"[①]。尽管如此,笔者认为斯坎伦对于"宽容"与"平等"之关系的刻画面临进一步的问题。按照他的设想,社会在考虑作为其成员的每个人的权利与责任的时候,每个人的权重都一样吗?人们是否会根据价值偏好的一致性或近似性,使得一些个体或群体更容易得到承认和宽容?如果一视同仁,姑且不考虑实际操作的难度,人们也会追问"不偏不倚"的理由是什么?如果区别对待,那么"厚此薄彼"的理由又是什么?

面对和自身价值(观)不同甚至冲突的个体或群体,人们可能会采取漠不关心、敬而远之的态度,而这并非斯坎伦理解的真正意义上的宽容。就宽容的边界而言,人们能够接受的下限是"己所不欲,勿施于人",即不强迫对方接受自己的价值也不接受强加的价值,即便认为对方的价值认知或判断是错误的或有缺陷的,大家也会为了和平而尽可能相安无事。当然,宽容提出的更高要求是在分歧中反思自身的价值与对方的价值,不将宽容视作某种恩赐,而将其视作解决问题的新起点,向着达成共识的目标展开对话。

---

① SCANLON T M. The difficulty of tolerance[M]. NY: Cambridge University Press, 2013:190.

四、宽容的价值

在面对价值分歧的时候,宽容的人和不宽容的人会采取不一样的态度,宽容的人不会将自己的生活方式视作其所在社会中唯一(合理)的生活方式,他们承认"多样性""平等""自由"等原则的内在价值,致力于实现团结与和平;不宽容的人则具有排斥性甚至压迫性,他们倾向于将意见不一的人排除在其所在的价值共同体之外,甚至会采取强制而非说服的方式要求对方改变立场、服从自身的价值,容易引起社会的分裂。

当代社会中多元主义的流行使得一个价值共同体的内部以及它与其他价值共同体之间难免会就一些问题产生分歧,甚至是深层次的分歧,如何在彼此尊重的前提下承认并处理这些分歧,使大家能够和平共处而不是尖锐对立?斯坎伦的回答是:"宽容所表达的是比冲突更深刻的对于共同身份的承认,即对方像我们一样有资格对其所处社会的性质与方向进行界定。"[①]他以父母与子女的价值分歧为例,阐释了子女在家庭中特殊的"他者"位置:一方面,他们更易于接受新事物,难免会与自己的父母在价值观上产生一些差异;另一方面,他们在成长的过程中又会受到父母在价值观方面的影响与塑造。不宽容的态度会导致父母与子女在价值问题上产生分歧甚至冲突,父母的困境在于,他们不能因为这种不一致或冲突而否认子女作为自己家庭(价值共同体)成员的资格,将其排除出去。而在不同的价值共同体之间,这种不一致和冲突的情况更加常见,宽容的意义就显得更为重要。

从实用的角度看,宽容的价值可以从反面进行设想。或者说,不宽容是

---

① SCANLON T M. The difficulty of tolerance[M]. NY: Cambridge University Press, 2013:194.

否会加剧弱势群体所遭受的不公正的对待？基于日常的观察，人们不难理解，对一些宗教（非邪教）群体、政治群体、亚（道德）文化群体的不宽容使其受到了迫害或歧视，进而影响到其成员作为公民所享有的基本权利的实现。

五、宽容的困境

值得注意的是，价值分歧导致宽容在一些情形下面临困境，进而使人怀疑（相同的）价值观能否作为判定共同体成员资格的（唯一）标准。斯坎伦认为，一个价值共同体的成员在经过深思熟虑和必要的程序之后，能够排除一些明显违背其价值原则的个体的成员资格。的确，对于一个价值共同体而言，价值共识发挥着凝聚和稳定的作用，而成员之间分歧的持续将不利于共同体的团结，会造成分裂甚至导致共同体最终解体。因此，尽管多元主义的支持者要求人们对不同的价值（观）保持宽容，但是在共同体之间以及共同体内部都存在价值分歧与共识之间的张力，这导致宽容面临下述主要困境：

困境之一：（强制性）要求人们采取宽容的态度，并且阻止那些不宽容的人基于其（极端的）信念的行动的做法本身是不是不宽容的？斯坎伦的回答是否定的，他认为宽容应该具有一定的限度，并且具有交互性（reciprocal）。换言之，对于那些不宽容者，宽容之人的底线是避免自身受到伤害。

困境之二：将宽容作为一种口号或理念提出并予以支持的行为本身是不是不宽容的？斯坎伦的回答也是否定的。他的理由是："对宽容的支持没有否认任何人在社会中所处的恰当位置。"[①]多元主义的价值观并不排除在不同的价值框架之间进行比较的可能性，甚至不否认人类的价值观念在历

---

① SCANLON T M. The difficulty of tolerance[M]. NY: Cambridge University Press, 2013: 197.

史过程中进步的可能性,正如大部分人都赞成政治上的民主制度优于奴隶制度,是一种进步。哪怕出于实用的考虑,宽容也有助于减少由价值分歧所引起的冲突与对抗。

困境之三:否认不宽容者拥有其他人所拥有的表达自己立场的机会,这样的做法是否违背了宽容的原则?对此,斯坎伦引述了伏尔泰的名言"我不赞成你的观点,但我捍卫你说话的权利"。在他看来,宽容的实质不是(不加鉴别地)接受他者的任何观点,而是承认对方作为共同体成员的资格以及被倾听的权利。宽容涉及一个共同体成员的权利的内容和范围。换言之,斯坎伦认为共同体成员的资格先于或者独立于成员持有的具体观点。这一理解的优点在于避免了一些人"因言获罪",但是引发的新问题是,如何确定共同体成员的资格?毕竟斯坎伦也承认,价值观的一致性是判定一个共同体成员资格的重要标准,而价值观属于人们思想观念的重要组成部分,这里可能会陷入一个死循环(vicious circle)。

斯坎伦提醒人们不能将对于宽容的理解直接等同于对于权利的理解,因为"存在很多不同的可接受的权利体系,但是没有哪个是最优的"[1]。事实上,随着历史的发展,人们在不断扩展和改变着对于权利之内涵的理解。所以,他将宽容视作一种适应的精神,也就是一个价值共同体中的自我和他者都愿意接受的安排。问题在于,斯坎伦这里提到的"可接受的(acceptable)标准"究竟指什么?是不是一种避免共同体分裂或共同体之间产生冲突的底线?他还提出了对于政治宽容方面的担忧,由于宽容态度的边界并不确定,所以人们常常将"不宽容"作为指责对方的一种有力的政治手段。斯坎伦认为,这样的指责恰恰背离了真正的宽容原则,是将宽容作为幌子和标签进行

---

[1] SCANLON T M. The difficulty of tolerance[M]. NY: Cambridge University Press, 2013:198.

政治博弈的一种策略。笔者认同斯坎伦的上述观点,无意在此对政治宽容的滥用做进一步展开和不切实际的期望。

六、启示与讨论

正如当代法国历史学家丹尼斯·拉科恩(Denis Lacorne)在其《宽容的限度》(*The Limits of Tolerance*)一书中提到的,"宽容"概念的内涵和外延经历了很显著的历史变化,拉丁语"tolerantia"来源于动词"tolerare",对应于现代英语中的"接受"(accept)或"容忍"(endure),向人们提示了宽容态度可能面临的困境,毕竟接受与容忍也是存在限度的。宽容从宗教领域开始,伴随着文艺复兴以来的世俗化进程,与"言论自由、宗教自由、政教分离、平等原则"[1]紧密联系在一起,之后逐步扩展到近现代意义上的政治领域和道德领域,因此,人们在当代语境下思考"宽容"这一主题,必须看到"宽容"概念之内涵的历时性扩展,以及它和"自由""平等"等原则的纠缠。古典意义上的"宽容"概念与各种形式的等级观念联系在一起,特别是宗教领域的宽容被视为全能的权威的一种恩赐,具体表现为神权庇护下的(仁慈或貌似仁慈的)君主对于异教徒的宽容。而在世俗的意义上,宽容也往往被人们视为一种宽恕和寻求和平、达成政治目的的手段。直到启蒙时代,经过康德等人的发展,宽容才逐渐被视作人的解放方式,成为基于平等原则的、属于人的一项基本权利,从而对立于任何宗教的或者政治的权威。可以说,宽容逐步从居高临下的视角转变为平等相待的视角。但是,拉科恩也提醒人们:"西方精英曾将'宽容'概念作为'不宽容'的伪装的事实并不意味着我们要抛弃宽

---

[1] LACORNE D. The limits of tolerance[M]. JON D C, EMLEIN R, trans. NY: Columbia University Press, 2019:1.

容本身。"①换言之,"宽容"概念经历过的世俗化、平等化的过程使得人们更有理由珍视其在多元主义价值观所主导的当代世界中的意义。

置身于现代语境下的人们在思考"宽容"问题的时候,意味着他(她)需要用理性和对话去对待各种形式的价值分歧,而不是依靠暴力改变对方,因为那样的改变不能让彼此心悦诚服。正如斯坎伦提到的,宽容是"不赞同"与"接受"二者的交织,它没有预设"我对你错"的判断,而是保持了一种关于价值问题讨论的开放性,每一个人在认知方面的有限性使得没有谁能够确保自己站在价值真理的一边。在这个价值观念碎片化的世界里,每一个人都有可能(资格)给出自己对于同一主题的理解和回答,即便实际上有的人更加接近真理,有的人更加离经叛道。而宽容在当代社会面临的困境也恰恰在于,如何协调一个人身上具有的认知或情感上"不赞同"的负面态度与"接受"差异所需要的正面态度。尤其值得人们考虑的问题是,不赞同的程度达到什么界限时,人们将没法再接受那些极端的不宽容者、违反了基本人性的价值共同体所作出的不同价值判断。由此,我们可以看到,面对多元主义甚至相对主义可能导致的困境,宽容原则的背后实际上是普遍主义的人性预设,这也是作为宽泛意义上价值共同体的人类能够展开跨文化交流与对话的前提与基础。

---

① LACORNE D. The limits of tolerance[M].JON D C,EMLEIN R,trans.NY:Columbia University Press,2019:5.

图书在版编目(CIP)数据

跨文化传播研究. 第四辑 / 单波主编. --北京:中国传媒大学出版社,2021.11
(传媒集刊)
ISBN 978-7-5657-3142-6

Ⅰ.①跨… Ⅱ.①单… Ⅲ.①文化传播—研究 Ⅳ.①G0

中国版本图书馆 CIP 数据核字(2022)第 002248 号

跨文化传播研究(第四辑)
KUAWENHUA CHUANBO YANJIU(DI-SI JI)

主　　编	单　波
策划编辑	王雁来
责任编辑	王雁来
特约编辑	沈　悦
装帧设计	拓美设计
责任印制	李志鹏

出版发行	中国传媒大学出版社		
社　　址	北京市朝阳区定福庄东街 1 号	邮　编	100024
电　　话	86-10-65450528　65450532	传　真	65779405
网　　址	http://cucp.cuc.edu.cn		
经　　销	全国新华书店		
印　　刷	唐山玺诚印务有限公司		
开　　本	787mm×1092mm　　1/16		
印　　张	16.25		
字　　数	208 千字		
版　　次	2021 年 12 月第 1 版		
印　　次	2021 年 12 月第 1 次印刷		
书　　号	ISBN 978-7-5657-3142-6/G · 3142	定　价	78.00 元

本社法律顾问:北京李伟斌律师事务所　郭建平
版权所有　翻印必究　印装错误　负责调换